MARIE JAËLL

UN NOUVEL ENSEIGNEMENT ARTISTIQUE

LE TOUCHER MUSICAL

PAR

L'ÉDUCATION DE LA MAIN

LES PRESSES UNIVERSITAIRES DE FRANCE
49, Boulevard Saint-Michel, PARIS

LE TOUCHER MUSICAL

PAR

L'ÉDUCATION DE LA MAIN

MARIE JAËLL

UN NOUVEL ENSEIGNEMENT ARTISTIQUE

LE TOUCHER MUSICAL

PAR

L'ÉDUCATION DE LA MAIN

Préface de Maurice POTTECHER

LES PRESSES UNIVERSITAIRES DE FRANCE
49, Boulevard Saint-Michel, PARIS

1927

OUVRAGES DU MÊME AUTEUR

La Musique et la Psycho-physiologie, 1896, Alcan, éditeur.

Le Mécanisme du toucher, 1897, Armand Colin, éditeur.

L'Intelligence et le Rythme dans les mouvements artistiques, 1904, Alcan, éditeur.

Les Rythmes du regard et la dissociation des doigts, 1906, Fischbacher, éditeur.

Un nouvel État de conscience : la coloration des sensations tactiles, 1910, Alcan, éditeur.

La Résonance du toucher et la topographie des pulpes, 1912, Alcan, éditeur.

Le Toucher. Enseignement du piano basé sur la physiologie.

EN PRÉPARATION :

La Main et la Pensée musicale.

MARIE JAËLL

« Croyant que tout est esprit, je voudrais mourir pour ceux que j'aime, afin qu'ils m'aiment en esprit. »

M. J.

Marie Jaëll naquit à Steinseltz, en Alsace, le 17 août 1846. Son père, Georges Trautmann, était un simple cultivateur, mais intelligent et aisé. Rien pourtant d'un artiste, à ce qu'on sache. Sa mère brodait avec une grande habileté et, dit-on, avec art. Mais ce serait enfler le sens des mots que de chercher en ce petit talent maternel une explication héréditaire aux dispositions précoces et aux facultés extraordinaires de la fille. Ils vécurent vieux. Elle tenait d'eux une merveilleuse santé, une énergie sans défaillance et les traits les plus vigoureux d'une race saine, proche de la terre. Mais quel mélange d'éléments divers, quelle conjonction à la fois hasardeuse et fatale de forces obscures produisirent l'éclosion d'une personnalité géniale comme devait l'être cette enfant, ceci reste un secret que nos connaissances sont incapables encore d'éclaircir.

On raconte que vers l'âge de six ans, la petite Marie Trautmann vit passer dans son village une troupe de tziganes, dont les mélodies passionnées et les rythmes étranges firent sur elle une impression profonde. Dès lors, elle ne rêva plus que de devenir musicienne.

Elle dut manifester son désir avec une ardeur et une force de persuasion convaincantes : son bon père, un jour, lui rapporta de la ville un piano. Elle se mit aussitôt à travailler avec un instituteur de Wissembourg, puis avec le célèbre Moschelès, à Stuttgart. Avant d'avoir atteint sa huitième année, elle donnait déjà des concerts publics. Elle voyagea en Suisse, en Allemagne, justifiant par son jeu l'enthousiasme que ne manquaient pas d'exciter sa taille, sa mine enfantine et sa réputation de petit prodige.

A quinze ans et demi, elle entra au Conservatoire de Paris ; elle en sortit en 1862 avec un premier prix de piano. Elle continua

à donner des concerts. Sa renommée grandissait, auprès des artistes
et du public. Son mariage, en 1868, avec le pianiste Alfred Jaëll,
d'origine autrichienne, qui avait quatorze ans de plus qu'elle,
associa sa vie d'artiste déjà connue à celle d'un virtuose réputé,
dont le jeu passait pour délicat et presque féminin, tandis que le
sien surprenait par une puissance toute virile, quoique Jaëll fût
d'une taille qui atteignit assez vite à l'obésité. Il est vrai que, pour
sa part, Marie avait des traits plutôt masculins. Ce nez fort, ces
pommettes saillantes, ces lèvres épaisses, ce visage tourmenté ne
pouvaient lui permettre d'être belle. Mais les yeux et le front eussent
empêché de la déclarer laide, à moins qu'on n'accolât pour elle
l'épithète de magnifique à la laideur. Je ne pense pas avoir rencontré
chez une autre femme des yeux d'une telle intensité de vie, de sentiment et de pensée, bien qu'elle eût déjà atteint, quand je la
connus, l'automne de son existence. La vieillesse ne fit d'ailleurs
qu'accroître la force et la profondeur de ce brûlant regard, au fond
duquel veillait une conscience sévère.

Ce dut être, d'ailleurs, un assez singulier ménage. Aucun témoi-
gnage contemporain ne nous a renseigné avec précision sur ce
point ; mais ceux qui ont connu l'indépendance de caractère de
cette femme qui semblait si peu femme, bien qu'elle le fût au plus
haut degré par les nerfs et par le cœur, s'étonnaient en souriant
qu'elle eût pu être épouse. Elle ne devint jamais mère. Cependant
Liszt, dans des lettres que j'ai sous les yeux, s'adresse plusieurs fois
à l'un et à l'autre, les rapprochant comme s'ils fussent bien unis.
Ils l'étaient du moins par la loi et par l'art.

Liszt estimait fort Alfred Jaëll, qui était quelque peu son com-
patriote. Mais il devait s'attacher davantage à la femme, dont
« l'énorme et fulgurant talent » — ce sont ses expressions mêmes —
l'avaient aussitôt frappé. Elle voua au maître de Weimar déjà
vieillissant une admiration qui, chez elle, ne pouvait être que pas-
sionnée. Il trouva en elle l'interprète le plus capable de sentir et de
traduire les œuvres où le compositeur, qui souffrait en silence
d'être trop sacrifié au virtuose, prodiguait sa verve féconde, iné-
gale peut-être à ses hautes conceptions, mais incontestablement
noble et novatrice.

Elle lui communiquait elle-même ses propres compositions qu'il louait, et, semble-t-il, avec sincérité. Il en fit éditer quelques-unes, avec des « variantes » que lui-même avait proposées. Il écrivit pour elle un de ses morceaux les plus célèbres, la troisième Valse de Méphisto, qu'il lui dédia.

Ces rapports du grand artiste qu'un livre récent, celui de M. G. de Pourtalès, vient de remettre en vogue, et de celle que Liszt nommait Ossiana (du nom d'un opéra romantique, non terminé, de Marie Jaëll), mériteraient une étude spéciale. Les lettres de Liszt et le *Journal* intime de Mme Jaëll y fourniraient assez d'éléments intéressants. Je veux citer ici une anecdote bien caractéristique de leurs rapports et de leur double personnalité. Elle est empruntée à une notice rédigée par Marie Jaëll elle-même, comme programme à une exécution intégrale des œuvres pour piano de Liszt : tentative qu'aucun autre artiste n'a, je crois, renouvelée. Cette notice, ou plutôt cette suite de commentaires sur chacune des œuvres interprétées, est d'ailleurs, au point de vue analytique aussi bien que documentaire, d'un très vif intérêt : si l'admiration s'y montre enthousiaste, elle explique et justifie les raisons de son enthousiasme.

Un soir, après avoir joué dans une petite réunion où il m'avait emmenée, nous rentrions seuls, et pendant le trajet, il me parlait en termes inoubliables et avec une émotion qui avait quelque chose de solennel, de mes facultés artistiques. Le lendemain matin, lorsque je revins chez lui, il me montra sur sa table de travail des pages de musique qu'il avait écrites pendant la nuit, en me disant : « J'ai composé un morceau pour vous ! » Il était rayonnant, tandis que j'étais d'autant plus émue que pendant nos conversations journalières, il n'avait jamais été question de cela.

Quelques jours plus tard, je jouais cette troisième *Valse de Méphisto* pour quelques amis. Liszt, en l'écoutant, paraissait dans une surexcitation inaccoutumée, s'écriant : « C'est bien cela ; rejouez-moi cette partie, recommencez encore ! » Et comme il me faisait répéter le morceau avec un plaisir qu'il n'avait guère l'habitude de témoigner à propos de ses propres œuvres, je le croyais ravi. Mais le jour suivant, quel ne fut pas mon étonnement lorsqu'il me montra le morceau complètement transformé, presque méconnaissable, me disant : « C'est vous qui l'avez joué hier de façon à me faire sentir ce qu'il devait être... »

Il la chargea même d'achever ce morceau dont la conclusion ne lui venait pas. « Je connaissais trop, dit-elle, la supériorité qui seule peut suggérer de telles *défaillances*, pour ne pas faire simplement ce qu'il désirait. »

Mme Jaëll fit plusieurs séjours auprès de Liszt, le plus long à Weimar en 1883-84, après la mort d'Alfred Jaëll. Elle servait de secrétaire discrète au « cher maître », travaillait auprès de lui et avec lui, s'inspirait de ses leçons, s'imprégnait de sa pensée, souffrant parfois d'une espèce de solitude morale au milieu d'un monde trop brillant pour elle et trop théâtral. Mais elle était décidée à aimer et à vénérer, pour les qualités incomparables qu'elle lui savait, celui qui ne pourrait pas toujours — il l'en avait avertie lui-même — « lui apparaître comme un Dieu ». Plus tard, elle lui garda la même fidélité, quoiqu'elle le vît moins souvent. Chaque fois qu'il venait à Paris, il ne manquait pas de lui rendre visite et lui reprochait gentiment son abstention, quand, pour laisser la place à trop d'admirateurs empressés, à trop d'admiratrices exubérantes, elle se tenait à l'écart. Mort, elle continua à le considérer non seulement comme le plus grand des virtuoses et comme un être d'une qualité d'âme que les imperfections humaines ne pouvaient amoindrir, mais comme un musicien d'une originalité et d'une puissance d'imagination hors de pair. Selon elle, il laissait à ses interprètes une part de collaboration telle « qu'il leur faut communier avec son génie pour le recréer ».

On lira, d'ailleurs, ce qu'elle dit à ce sujet dans les pages de ce volume où elle analyse, en une fervente et compréhensive sympathie, le style de cinq grands maîtres : Schumann, Chopin, Liszt, Bach et Beethoven ; et cet ordre indique, je le pense bien, le rang et la progression de ses préférences. Les uns et les autres, elle les interprétait avec une puissance rarement égalée, mais qui n'excluait aucune délicatesse.

On lui reprocha parfois un excès de fougue et de sonorité. Ce jeu, plein d'énergie, qui transformait le piano en un véritable orchestre, était romantique par la passion, mais restait classique par le respect du *style* ; il surprenait les oreilles encore timides en ce temps, soucieuses surtout de ce qu'on appelait la mesure et le charme. « Il paraît qu'on vous a critiquée à Berlin ? lui écrit Liszt en 1885. Rien de surprenant à cela. Vous pêchez par excès de talent : chose fort rare, mais impardonnable. » Du moins avait-elle, dans l'élite, de chauds admirateurs, et dont le nombre allait croissant. Saint-Saens, avec qui elle se brouilla plus tard, la tenait en haute estime ; le pianiste Eugène d'Albert fut lié intimement avec elle.

Cependant, elle composait aussi, et avec une singulière abondance. Je relève sur la liste de ses œuvres une centaine de morceaux édités : pièces pour piano seul, pour piano et orchestre, pour violon et violoncelle, mélodies sur des poésies de V. Hugo (Orientales), de J. Richepin (La Mer), et sur des vers écrits par elle en allemand, traduits ensuite par un poète. Il en reste un bon nombre d'inédites. Liszt qui avait qualifié un premier recueil de Valses « d'œuvre charmante, finement intentionnée, distinguée, aimable », accentua l'éloge quand il reçut d'elle des Méditations-Impromptus et une grande Sonate : « Ces œuvres ont un cachet étrange : elles surabondent en nouveautés et en hardiesses que je n'ose critiquer, mais que j'apprécierai mieux encore quand j'aurai le plaisir de les entendre jouer par son vaillant, ambitieux et subtil compositeur. »

Cette lettre date de 1871. Les principales œuvres de Marie Jaëll n'ont vu le jour que 15 et 25 ans après : *Voix du printemps*, *Promenade matinale* ; la suite de 24 pièces intitulées *Les Beaux jours* et *Les Jours pluvieux* ; et surtout cette sorte de trilogie inspirée par la *Divine Comédie* de Dante, dont chacune des trois parties se compose de six morceaux : *Ce qu'on entend dans l'Enfer*, *Ce qu'on entend dans le Purgatoire*, *Ce qu'on entend dans le Paradis* (1894).

Quel jugement eût porté l'auteur des *Rhapsodies* et des *Années de pèlerinage* sur ces ouvrages de son ancienne élève, conçus et exécutés dans la pleine maturité du talent ? Nous ne le savons pas ; et nous craindrions de ne pas les juger nous-même avec une impartialité et une autorité assez grandes. Il nous suffit de penser que si l'œuvre musicale de Liszt s'affirme décidément comme devant conquérir un public de plus en plus étendu, en dehors du cercle encore restreint qui voit en lui un initiateur, l'attention ne pourra manquer de se porter sur le disciple, devenu maître à son tour, qui procède le plus directement de lui, qui s'était assimilé sa pensée et son style. Mais cette élève ne pouvait se borner à être une simple imitatrice ; elle avait, au jugement de tous ceux qui l'ont connue, une imagination, une sensibilité et une culture d'une qualité trop exceptionnelle pour n'avoir pas mis dans ses propres créations quelque chose de sa personnalité.

Il semble bien, toutefois, qu'elle-même estima nécessaire de chercher sur une autre voie le développement complet de cette personnalité ardente et la satisfaction d'un impérieux besoin de nouveauté. Même si elle dut concevoir quelque regret de ne pas voir mieux apprécier ses facultés de compositeur, sa réputation d'exécutante était assez solidement établie et destinée à grandir encore pour qu'on ne puisse attribuer à un dépit d'artiste l'espèce de retraite où presque subitement elle parut s'enfermer. Elle renonça aux applaudissements du public, aux éloges des journaux, aux adulations du monde et même à l'estime de ses pairs pour se consacrer tout entière à une tâche qui la fit vivre en recluse et qui pendant plus de trente ans, jusqu'à sa mort, absorba de plus en plus sa prodigieuse activité.

Cette tâche n'était rien de moins qu'une réforme totale de l'enseignement du piano, basé désormais sur des principes nouveaux, où l'automatisme et la répétition des exercices cédaient la place à l'étude consciente et scientifique des mouvements de la main. Elle y avait été conduite par son expérience et ses réflexions sur un art qu'elle pratiquait comme virtuose et qu'elle enseignait comme professeur. Mais il se trouva peu à peu que ses recherches l'entraînèrent bien au delà de ce qu'elle avait d'abord prévu : et l'élaboration d'une méthode nouvelle appliquée à un instrument ne fut par la suite que le début d'une plus vaste entreprise, d'un système plus général embrassant toute l'éducation artistique. Poussée par la curiosité insatiable de son esprit où le réalisme et l'idéalisme se mêlaient, comme il arrive souvent chez les artistes et les mystiques, entraînée par la hardiesse parfois aventureuse de ses expériences, par la logique parfois déconcertante de ses déductions, elle ne borna pas ses conclusions à l'étude du piano, ni au perfectionnement de l'enseignement musical ; mais elle osa les étendre « à la perfectibilité de l'organisme humain tout entier, sous l'influence d'un enseignement basé sur les connaissances de la physiologie moderne ».

La grande hardiesse ce fut, pour une artiste, d'introduire la science dans l'art, qui répugne à s'y associer ; d'affirmer, au risque

de scandale que, pour produire la beauté artistique, considérée
jusqu'ici comme un mystère sacré, il faut étudier avec précision,
avec minutie, les fonctions matérielles qui servent à l'exprimer : qu'en
enseignant les mouvements qui produisent l'harmonie et le style, on
enseigne le style et qu'on peut développer le sens de l'harmonie.
Il s'agit de produire non pas mécaniquement, mais consciemment,
les sons les plus justes et les formes les plus pures ; celles-ci comme
ceux-là n'étant eux-mêmes que le produit nécessaire d'un équilibre
rigoureux, d'une exacte adaptation de l'organe et de l'instrument.

On voit combien cette intrusion de l'expérimentation scientifique dans le domaine *tabou* de l'art était fait pour choquer ou
consterner ceux qui attribuent à la création artistique une origine secrète, appelée don, ou instinct, ou inconscient, et incommu-
nicable aux données des sens et de la raison. « Le corps et l'esprit,
le mouvement et la pensée sont même force. » Tel est le principe,
nettement posé. Et voici un aboutissement : « Apprendre à mieux
sentir par sa main, c'est apprendre à mieux penser. » Conceptions
matérialistes ? Paradoxes ? L'auteur de la méthode du « *Toucher,
enseignement du piano basé sur la physiologie* », paru en deux, puis
en trois volumes (1899 et 1900), qui croyait que *tout est esprit*,
était bien loin de chercher à étonner et à scandaliser l'opinion de
son temps : mais elle ne se laissait pas arrêter par la pensée d'être
dénoncée comme hérétique en art ou impie. Tranquillement, au prix
d'un labeur tenace qui absorbait tous ses jours, elle poursuivait sa
route, accumulait les expériences, entassait les preuves pour appuyer
ce qu'elle considérait comme d'évidentes vérités ; et, pour récom-
pense de son travail et de ses découvertes, elle n'avait guère, avec
l'adhésion de quelques amis, que l'émerveillement d'explorer toujours
plus avant un monde inconnu, riche de nouveautés prestigieuses.

Comment cette artiste, vouée, semblait-il, à une carrière de
virtuose, se laissa-t-elle attirer si fortement vers la science ? Par
la curiosité et la probité de son esprit, sans aucun doute ; mais
aussi par la rencontre qu'elle fit d'un homme qui exerça sur elle
une grande influence et sur lequel elle en eut certainement aussi :
le physiologiste Charles Féré.

Il était chef de service à Bicêtre. Ses travaux sur les aliénés
révélaient une méthode assez nouvelle, où l'expérimentation et la

psycho-physiologie jouaient aussi un rôle hardi. Ses élèves reconnaissaient en lui une largeur d'esprit supérieure à celle dont se contentent souvent les spécialistes. Bien qu'il ne fût nullement musicien, les idées de Marie Jaëll se rencontrèrent avec les siennes et l'intéressèrent. Tous deux, travaillant de concert, se servant l'un à l'autre d'objet d'étude et d'expérience, déterminèrent par une suite d'observations ingénieuses, enregistrées par des appareils de précision, l'influence de certaines tonalités majeures et mineures et des rythmes alternés sur le travail, c'est-à-dire sur la rapidité et l'intensité des réactions neuro-musculaires (1). Dans ce domaine nouveau, où l'artiste risquait de n'apporter que des intuitions vagues et peut-être téméraires, le savant imposait le contrôle et la rigueur des mensurations exactes, répétées et vérifiables. Cette heureuse association dura plusieurs années et ne se termina que par la mort prématurée de Charles Féré. Ce fut un grand deuil pour l'amie, qui avait trouvé dans cette collaboration un aliment à l'activité enthousiaste dont son esprit et son cœur avaient un égal besoin.

Restée seule, elle continua la tâche jusqu'à ce que la mort la prit elle-même (4 février 1925) à un âge avancé. Elle avait gardé jusqu'au bout une vitalité physique et intellectuelle telle qu'en la voyant, en l'écoutant, on ne pouvait envisager sa fin.

Je n'entreprendrai pas de résumer ici son œuvre didactique. Ce livre, publié par les soins de ses élèves et amis, fidèles à cette grande mémoire, est composé d'extraits des six ouvrages principaux où Marie Jaëll exposa ses idées, ses recherches et les découvertes de plus en plus audacieuses dont elle se croyait le mieux assurée (2). Elle en laisse d'autres en manuscrits, qui seront publiés à leur tour : et je souhaiterais que ce *Journal* intime dont j'ai déjà parlé, pût aussi voir le jour, pour faire mieux connaître, dans

---

(1). Le résultat de ces observations a été publié dans les comptes rendus de la Société de Biologie (1902).

(2) Ce sont : *La Musique et la Psycho-physiologie* (Alcan, 1896, réédité récemment). *Le Mécanisme du toucher* (1897, A. Colin). *L'intelligence et le rythme dans les mouvements artistiques* (1904, Alcan). *Les rythmes du regard et la dissociation des doigts* (1906 Fischbacher). *Un nouvel état de conscience : la coloration des sensations tactiles* (1910, Alcan). *La résonance du toucher et la topographie des pulpes* (1910, Alcan).

son incessante et magnifique aspiration vers la Beauté esthétique
et morale, cette âme ardente, vigoureuse et où une intelligence toute
virile s'alliait, redisons-le, à la plus vive sensibilité féminine.

Une étude de M. le Dr Minvielle, dans la *Nouvelle Revue* (15 sep-
tembre 1925), donne un résumé clair et accessible à tous des principes essentiels de la méthode jaëllienne. Un tel travail d'éluci-
dation ne va pas sans difficultés. Marie Jaëll, dont la langue ori-
ginaire était l'allemand, déploya un effort de volonté et un labeur
inouïs pour arriver à donner peu à peu en français une forme précise
aux complications de sa pensée et plier à la rigueur du style scientifique tout ce qu'il y avait en elle d'intuitif, d'enthousiaste, de
mystique même, comme en tout artiste d'imagination ardente,
ayant en outre une vocation d'apôtre. Il faut avoir été témoin
de ce labeur, avoir connu ses premiers efforts de rédaction si pénibles
pour goûter mieux, à travers quelques imperfections de forme, la
netteté de certaines formules concises et frappantes auxquelles elle
parvint : comme celles-ci, par exemple :

« La richesse de ses germes fait que l'enfant est incompris. C'est en lui
apprenant à se connaître lui-même qu'on doit lui faire connaître tout ce qui
est en dehors de lui. »

« L'intention d'être bon, c'est quelque chose ; la nécessité de l'être serait
infiniment plus. »

« Quand donc reconnaîtra-t-on qu'on ne peut étudier les mouvements
artistiques que par les sensations ? »

« Tout ce qui est fait par imitation est antiartistique. »

« Le même plan se retrouve dans la vie générale du globe, dans la vie
individuelle et dans la vie de l'art. »

« C'est la pénétration avec laquelle l'artiste voit le détail qui lui fait concevoir l'ensemble avec intensité. »

Qu'on lise aussi, pages 52-53, la description de balancements
irréguliers de l'arbre émondé aux poussées du vent, et le double
mouvement des feuilles sèches descendant les marches d'une ter-
rasse et des oiseaux qui les montaient :

« La brise qui déplaçait les feuilles était si légère que rien ne révélait son
existence, sinon le fait que ces feuilles se déplaçaient. Ce calme complet de

l'atmosphère tendait à éveiller l'illusion que les feuilles s'orientaient par une
faculté qui leur fût propre. C'est ainsi qu'en raison de leur orientation en
apparence mystérieuse, les déplacements des feuilles paraissaient apparentés
à l'acte soi-disant volontaire accompli par les moineaux, désireux de trouver
de la nourriture dans les feuilles à l'encontre desquelles ils se dirigeaient. En
réalité, une même force impulsive provoquait cette double orientation : les
feuilles étaient poussées par la brise, les moineaux par l'image qui, en éveillant le désir, faisait fonction de brise. »

Il y a là, au point de vue du style, un petit tableau en raccourci
singulièrement expressif, pour aboutir à une conclusion singulièrement hardie, et qui va loin, au point de vue philosophique.

Ce livre fait d'extraits donnera-t-il envie à quelques curieux
de remonter aux œuvres mêmes ? Nous l'espérons bien, et c'est
à quoi ce recueil est surtout destiné. De tels ouvrages resteront
toujours, sans doute, réservés à un petit nombre de lecteurs qui se
donneront la peine de les approfondir. Je crois qu'il y aura beaucoup à en tirer, même si tout n'est pas conservé. Dans son explo-
ration audacieuse, Marie Jaëll s'est avancée très loin. N'a-t-elle pas
quelquefois perdu pied ? Prenant conscience des affinités universelles,
qui lient les uns aux autres tous les fils et toutes les broderies de la
création, ne s'est-elle pas laissée aller à interpréter parfois comme
causes et effets, de simples analogies ? Quelle part la suggestion, dont
le rôle n'est guère moins immense que celui de l'attraction dans
notre monde, a-t-elle eue sur l'influence qu'elle attribuait, dans ses
réactions mentales, aux aimants, aux bâtonnets de couleur, à l'orientation du corps, aux nombres pairs et impairs, etc. ? Un contrôle
sévère de ces expériences, qui devraient être répétées et généralisées
pour acquérir une valeur scientifique, est fort malaisé sans doute.

Marie Jaëll qui prévoyait cette objection et n'y pouvait entiè-
rement répondre, s'impatientait qu'on la lui fît, tant elle était
certaine de ses résultats et de sa propre sincérité. Elle parlait d'une
voix basse qui par moment chantonnait en contenant sa force, puis
se réduisait à un mystérieux, un impressionnant murmure. Comme
sa main était devenue, par la dissociation absolue de ses doigts,
un instrument d'une indépendance et d'une perfection extraordinaires — des photographies en conservent les étranges aspects —

son ouïe s'était affinée à un point où il est douteux que beaucoup
d'oreilles humaines puissent parvenir. Combien auraient été capables
de percevoir les subtilités de son jeu, pour en apprécier les infimes
nuances et cette espèce d'immatérialité que la musique avait fini
par prendre sous ses doigts ?

Je revois ce grand atelier-salon de Passy, où s'écoulait sa vie
de recluse, au-dessus des lumières et des bruits de la ville, faiblement éclairé, avec la surface luisante du piano à queue au centre
et ce grand étendard tricolore qui drapait un pan de la muraille
de ses plis silencieux, depuis le jour de la victoire et de l'Alsace
reconquise ; et la musicienne assise devant le clavier, forme lourde,
sans âge, évoquant à la fois la vieillesse et l'éternité toujours jeune
d'une sibylle, penchait son front puissant ; ses yeux à demi clos
s'entrouvraient soudain pour laisser passer à travers la fente des
paupières les éclairs d'un regard fulgurant. Sous ses mains, mains
admirables, mains de vingt ans, aux balancements rythmés, les
harmonies s'envolaient en glissant, tantôt ralenties et adoucies
jusqu'à l'extrême limite de la perception, tantôt précipitant des
cascades ruisselantes de sons. Et selon le mot du Dr R. d'E. dans
une lettre à l'artiste, l'impression dernière qui se dégageait de cette
musique était une sorte de *sérénité divine*, qui bannissait toute
émotion vulgaire. « L'art poussé à ce degré n'aboutirait-il pas,
ajoutait cet auditeur fervent, à faire comprendre ou à faire naître
une nouvelle conception de l'univers ? »

Je ne puis m'empêcher, si fortes que soient les différences des
esprits, des époques et des arts, de percevoir une analogie entre les
pressentiments scientifiques contenus dans ces livres et ceux dont
le secret se découvre aujourd'hui dans les cahiers d'un Léonard de
Vinci. Toute une nouvelle conception de l'univers, intuitive et
réfléchie, y tressaille en effet, dans un mélange de précision et
d'obscurité, de vérités démontrables et d'hypothèses gardant encore
un aspect téméraire ou ingénu. C'est à l'avenir de décider ce qui
en doit émerger de réalité solide, de pensées pouvant être fécondées
par les acquisitions nouvelles du savoir. La figure de cette femme
remarquable, qui exerça sur le petit nombre de ceux qui l'ont appro-
chée une influence irrésistible, n'est pas indigne, quel que soit son des-
tin, de ce rapprochement avec un des plus grands esprits de la Renais-

sance : même rangée d'esprits n'implique pas même rang de gloire.

A celle-ci, à la gloire, elle voulut rester indifférente, ou du moins au succès ; grand sacrifice pour une âme où rien ne brûle faiblement, même l'orgueil et l'ambition. Il s'agit, non de détruire ce feu, mais de le contraindre à se confondre dans le jaillissement multiple de flammes qui rayonne d'un esprit, en puissances de vie et en forces d'amour. Mais elle ne pouvait se désintéresser du sort de ses idées, de son œuvre, en lesquelles elle existait tout entière et dont elle savait la valeur. De plus en plus, et non sans quelque angoisse, elle se préoccupait du moyen d'en assurer la durée après elle. Je ne les crois pas destinées à périr, mais bien plutôt à s'étendre, à se diffuser, en se transformant. Beaucoup y puiseront ; et de ce torrent un peu tumultueux et confus tireront vingt petits canaux ordonnés, qui fertiliseront d'autres terres. Tout initiateur ne peut guère rêver mieux pour sa création. Pourtant la personnalité de cette femme était si forte que, quand l'image s'en sera brisée dans les yeux et la mémoire de ceux qui l'ont connue, quelques témoignages de son action, quelques paroles d'elle en conserveront encore des reflets.

Elle vécut en ascète, « fidèle à soi », comme elle disait, « dévorée par la soif du progrès », le cœur et l'esprit consumés pour un Dieu en qui se confondaient la Beauté et la Bonté, le perfectionnement esthétique et moral et l'extension sans fin de la connaissance. « Je voudrais, écrivait-elle encore dans son journal, que chacune de mes journées fût sanctifiée... L'activité seule tire de l'homme ce qu'il a en lui : il faut qu'il soit toujours au feu, comme le soldat... La Beauté, je le sens, ne peut pas fuir devant moi : dès qu'elle s'éteint au dehors, au dedans je retrouve sa force invincible et l'harmonie règne au-dessus des dissonances de la vie : on dirait qu'elle est l'ensemble même de ces dissonances. »

Et ce mot sur lequel il faut finir, comme sur un soupir et un souhait suprêmes où le plus noble espoir surgit de la plus haute mélancolie :

« Puisse la souffrance amener toujours un surcroît de beauté ! »

Maurice POTTECHER.

Fig.

Il existe toute une série de curieuses photographies exécutées à la demande
de Ch. Féré des mains de Mme Jaëll dans les multiples positions que la
dissociation et l'indépendance absolue de ses doigts lui permettaient de
prendre.
On ne peut comparer l'étrangeté de ces attitudes digitales qu'à la fantaisie
de certains artistes japonais.
En voici deux, à titre d'exemples.

Fig. 2

L'augmentation de l'amplitude des mouvements coïncide nécessairement avec l'augmentation de leur énergie, de leur rapidité et de leur précision, c'est-à-dire que l'étendue du mouvement qui se perfectionne par l'éducation de la motilité volontaire peut aider à réaliser la beauté, si on accepte la définition du maître Rodin : « Le beau, c'est l'union de la force et de l'esprit. » (Ch. Féré, *Essai sur la physiologie des mouvements des doigts*.

CHAPITRE PREMIER

La musique et la psycho-physiologie

Puisqu'il y a chez nous une fusion absolue entre les fonctions matérielles et mentales, pourquoi ne pas admettre que pour notre organisme, jusque dans les manifestations artistiques, le corps et l'esprit, le mouvement et la pensée, sont une même force ?

Tant que l'on considérait l'esprit comme isolé du corps, la pensée musicale comme isolée du mouvement du doigt, il était admissible que l'on dît : le style ne s'enseigne pas. Mais pour l'étude du piano, du moins, on peut affirmer aujourd'hui que *les mouvements qui produisent le style* peuvent être enseignés.

Comme les physiologistes ont prouvé que chez tout être normalement constitué, l'organe se forme par la fonction, on peut par l'enseignement du piano prouver que, par les fonctions motrices de ses doigts, tout exécutant capable de faire un effort de volonté peut former son sentiment musical ; car on produit le sens esthétique du style par certains mouvements des doigts, comme on l'empêche de se manifester par certains autres.

On pourrait dire qu'il ne s'agit pas uniquement du perfectionnement de l'enseignement musical, mais bien de la perfectibilité de l'organisme humain sous l'influence de l'enseignement musical basé sur les connaissances spéciales de la physiologie moderne.

Nous sommes..., même dans nos aptitudes élevées, apparentés aux êtres les plus inférieurs. Cette constatation, loin de nous avilir, est faite pour augmenter la conscience de notre perfectibilité. Nous reconnaître dans l'être inférieur est un recul que l'observation nous permet de faire ; il doit suggérer à chacun de nous l'idée d'un progrès continu à réaliser.

Nos forces sont limitées, il est vrai ; mais que d'économie il nous reste à faire dans la dépense de ces forces ? Non pas en vue de dépenser *moins*, mais de dépenser *mieux*.

Cette plus-value de nos forces peut être acquise dans l'étude musicale par la connaissance profonde de notre organisme. Par elle nous voyons que le sentiment de l'art qui ne se communique pas directement peut dériver de l'intelligence de l'étude, à travers laquelle il est pratiquement transmissible.

Plus on recule le problème de l'art de l'exécution musicale, plus on constate la fusion de la fonction matérielle qui exprime et du sentiment esthétique exprimé.

Si vous vous appliquez à transmettre toute la force de votre intelligence aux différents caractères dont se compose l'expression musicale, il ne reviendra à chacun de ces caractères qu'une faible part de votre force. Si vous concentrez au contraire toute votre force, par un choix déterminé, sur une fonction initiale dont l'action se manifeste dans chacun de ces caractères différents, l'expression musicale reconstituée dans son ensemble vous offrira une multiplication de votre force, car vous la trouverez réincarnée sous chacun des caractères qui la composent.

Enfoncer avec le doigt une touche d'un clavier paraît un acte bien simple ; c'est parce qu'il paraît si simple qu'on le voit imparfaitement. Ainsi il peut paraître très simple qu'en touchant un objet, du bout de l'index, nous ayons des sensations très subtiles qui nous permettent de distinguer si c'est du velours, du satin, du taffetas, de la laine que nous touchons. Mais si nous regardons le bout de nos doigts au microscope, ce processus des sensations devient extrêmement complexe; car nous voyons que nous avons dans la pulpe de chaque doigt des centaines de petits doigts microscopiques, dont chacun garde ses sensations propres, et que c'est en réalité cet ensemble, si infiniment complexe, de sensations différentes, que nous considérons comme le fait simple de la sensibilité du toucher. Il en est de même si nous voyons sous sa forme complexe, c'est-à-dire artistique, le caractère de la fonction motrice qui précède et qui suit l'enfoncement de la touche par le doigt.

Plus un mouvement est de petite dimension, moins on lui accorde d'importance. Mais à mesure que l'on devient plus artiste, on voit que c'est le contraire qui devrait se produire. Plus un mouvement est de petite dimension, plus il faut lui accorder d'attention. Quand il vous échappe par sa petitesse, il faut prendre une loupe pour arriver à le voir, c'est-à-dire pour arriver à la conception de sa complexité en déterminant son mécanisme. Ainsi, pour enfoncer artistiquement la touche d'un clavier, sans parler de l'acte du toucher traité au chapitre III, les impotences fonctionnelles innées de nos muscles peuvent s'établir (en admettant la contraction préalable des doigts pour l'attaque) :

I. Par l'insuffisance de l'immobilité des doigts, avant de projeter le mouvement de l'attaque ;

II. Par la lenteur du mouvement moteur de l'attaque ;

III. Par la défectuosité de la réaction du doigt après l'attaque de la touche ;

IV. Par l'impossibilité de faire correspondre l'immobilité de certains doigts avec l'activité motrice de certains autres.

Connais-toi toi-même serait l'injonction par excellence à adresser à ceux qui étudient l'art musical. Savoir que diriger rapidement, sur un point spécial, un mouvement d'une grande vitesse, est un phénomène de perfectionnement, c'est comprendre, qu'avant même de pouvoir enfoncer artistiquement une touche de clavier avec un doigt, on devra, par un effort de raisonnement, modifier l'ordre cérébral même de cet acte et les conditions physiologiques dans lesquelles il sera réalisé. Il y a par conséquent incompatibilité absolue entre la

demi-conscience du mouvement et le perfectionnement du mouvement. Pour savoir qu'on est imparfait, il faut se connaître ; pour se
corriger, il faut se vaincre ; pour pouvoir se vaincre, il faut savoir
en quoi consiste le perfectionnement et le pratiquer.

C'est la tâche de l'étude.

L'énergie du mouvement est en rapport avec l'intensité de la
représentation mentale de ce même mouvement.

L'attaque faite par la ligne courbe, tracée par le bout du doigt
pour l'étude, doit produire le moins de poids possible, comme si
elle n'avait qu'une résistance très faible à vaincre.

C'est ce mouvement léger où, par un effort complexe, on cherche
à produire l'enfoncement le plus rapide de la touche, sans dépense
de poids, qui forme le problème moteur de l'étude.

Le perfectionnement de la réaction du doigt après l'attaque
a une importance capitale dans l'exécution. Le timbre de la sonorité
est en partie provoqué par le caractère de cette réaction.

Les réactions à effectuer pour le *lié* sont une des difficultés principales de l'exécution. Pour lier les sons, il ne faut réellement quitter
une touche qu'après avoir enfoncé celle qui doit lui succéder. Il
s'agit là de *syncopes microscopiques* que l'exécutant doit vraiment
entendre et *sentir* en les réalisant.

Les dix doigts sont dix personnages dont chacun doit individuel-
lement obéir au commandement qu'il reçoit, sans se laisser influencer par les commandements que reçoivent ses voisins.

Le moindre mouvement d'association produit dans un doigt,

représente donc non seulement pour ce doigt même une *force perdue*, mais aussi pour celui qui doit agir.

...On pourrait dire de l'exécutant qui a vaincu tous les genres de difficultés du mouvement de l'attaque, que pour lui, la difficulté du langage musical a en principe disparu.

Au sujet de l'influence des mouvements sur les idées, il a été fait bien des expériences psycho-physiologiques, mais jusqu'à présent on n'a pas cherché à étendre cette influence, d'une façon pratique, à l'étude d'un instrument de musique. C'est là pourtant que l'expérience pouvait donner les résultats les plus surprenants, les plus concluants.

.De tout temps on a considéré un beau toucher comme un don inné ; on aurait qualifié d'utopie la tentative de vouloir, par des procédés spéciaux, permettre à chaque élève d'influer sur le mécanisme de l'instrument de façon à donner un beau timbre à sa sonorité. Des preuves indéniables démentent ces faits aujourd'hui : après trois mois d'études, la mauvaise sonorité peut, chez l'élève le plus dépourvu de dons naturels, être remplacée par des sons si harmonieux qu'on ne croit pas entendre le même exécutant.

Les causes de la modification du timbre de la sonorité ont été, pour le mécanisme de l'instrument, révélées par la photographie instantanée, qui, par l'analyse de l'action complexe du marteau, démontre que le contact entre le marteau et la corde présente des différences notables selon que le timbre est bon ou mauvais.

C'est en se basant sur ces différences que l'exécutant peut conformer ses attaques de façon à provoquer une action favorable du marteau sur le timbre.

Chaque marteau du piano est construit de façon à ce qu'il ait le ressort d'une balle élastique : il rebondit donc très vite chaque fois qu'il a frappé la corde, et cette élasticité est une des conditions essentielles de son bon fonctionnement.

Pour produire un beau timbre, il doit, grâce à cette élasticité, communiquer, pendant son contact, une série de secousses à la corde et ne pas rebondir trop vite après avoir frappé contre la corde.

Ce phénomène est expliqué par l'analyse photographique du mouvement (1), qui démontre que, si le marteau rebondit trop vite, la corde, en vibrant, le rejoint et le frôle à différentes reprises pendant qu'il retombe. Chacun de ces contacts supplémentaires amoindrit l'intensité des vibrations de la corde. Ainsi le mauvais timbre, dans les rapports du marteau et de la corde, se résume à une perte de forces de la corde, puisque la force de vibration communiquée par le marteau au premier contact est rendue, en partie, au marteau pendant les contacts nuisibles qui suivent.

Le beau timbre, au contraire, résulte d'un seul contact pendant lequel le marteau est plus longtemps maintenu à la corde et retombe ensuite sans que la corde, en vibrant puisse le rejoindre.

Quelle conclusion peut-on tirer de ces faits ? Incontestablement le doigt, une fois son attaque de la touche faite, doit continuer à agir sur elle, afin qu'elle empêche le marteau de rebondir trop vite. Cette action supplémentaire peut s'acquérir par l'étude du glissement du doigt. Le glissement s'impose donc logiquement, comme une action complémentaire de l'attaque.

Dans l'étude du toucher, les différences d'étendue du contact entrent pour une large part dans la modification de la sonorité. La phalangette du pianiste représente une vraie palette par laquelle le caractère du son varie selon l'amoindrissement ou l'augmentation de l'étendue de son contact avec la touche.

Modifier les dimensions du contact du doigt avec la touche est non seulement un moyen de renouveler les sensations tactiles, mais les personnes dont les doigts très fins disposent naturellement d'une

---

(1) Expériences photographiques de M. G. Lyon.

étendue très étroite de contact, pourront réparer ce défaut si elles ajoutent en longueur ce qui manque à leur contact en largeur. Dans ces conditions, l'ampleur de la sonorité sera, pour des doigts fins, aussi bien acquise que si leur largeur était augmentée. Il se produit vraiment la sensation de l'augmentation du volume de la main, si l'exécutant sait tirer intelligemment parti de l'agrandissement du contact dont il peut disposer artificiellement par l'étude.

...La beauté du timbre d'un son exerce une action presque magique sur le développement des perceptions.

...C'est le caractère des harmoniques qui agit sur l'ouïe et transforme les inconsciences de l'exécutant en besoins esthétiques. L'influence exercée est si vivante, si intense, que, pénétré du fait, on se dit : subir le charme du timbre des sons tirés du clavier en jouant, c'est devenir musicien.

...De cette impulsion naîtra le sentiment du charme qui réside dans les successions de notes, l'attrait exercé sur l'esprit par la mélodie.

Lorsque les doigts, au lieu de produire de beaux sons successifs, pourront produire un nombre de sons simultanés constituant des accords, dont la résonance bien pondérée délimitera la quantité de sonorité de chaque note avec des proportions justes, alors un nouvel élément s'ajoutera aux perceptions acquises. Aux phénomènes complexes de l'harmonie inhérente au son isolé et aux successions des notes formant la mélodie se joindra le phénomène plus complexe de l'harmonie des sons combinés.

Toutes ces assimilations de perceptions auditives se feront par une attraction qui s'impose. L'exécutant est pris dans l'engrenage d'un mécanisme fonctionnel complexe, dont les conséquences fatales se répercutent sur ses sens et son cerveau.

L'émotion naît ainsi. Involontairement, on devient sensible, on devient musicien, car à travers les perceptions sans cesse renouvelées, la sphère de la vie musicale s'élargira graduellement. Dès que nous tirons une belle sonorité de l'instrument, un lien unit notre propre organisme à l'instrument, et, par lui, à la musique.

La conscience de sa force expressive se complète par cette révélation de la fusion indissoluble de la mélodie et de l'harmonie. Ces deux impulsions initiales représentent bien, dans leurs ondulations créatrices, cette force de vie où la souvenance du passé et la prescience du devenir réalisent le charme, l'attraction suprême de cette puissance insondable : *Etre* !

La physiologie expérimentale observe l'organisme humain pour le réduire à deux états différents ; la *force* et la *faiblesse*.

A travers ces deux termes précis l'artiste peut, par son adaptation à l'art, lui communiquer la *beauté*, c'est-à-dire la dépense harmonieuse de sa force.

Les moyens empiriques d'apprendre, par l'accumulation des heures d'étude, la musique, nous ont souvent paru avoir de l'analogie avec ceux employés par les Aissaouas qui, dans un but d'exaltation mystique, cherchent à atteindre l'insensibilité physique en s'excitant par un branlement continu de la tête qui les rend de plus en plus inconscients des mouvements qu'ils font.

Si, comme les résultats obtenus par l'étude du toucher le prouvent, le mouvement est le facteur le plus immédiat, le plus intime de la pensée, comment peut-il être profané par l'automatisme et l'inconscience ?

Il ne s'agit donc nullement de communiquer aux doigts une expression musicale factice, mais de transmettre au cerveau le mécanisme de l'esthétique musicale à travers certaines sensations tactiles et certaines perceptions auditives produites par l'exécution.

A travers ces mouvements, l'esthétique conçue sera identiquement la même pour tous, aussi bien que chacun de nous voit le même soleil luire. Mais elle sera individuelle parce que cette conception s'établira sur des sensations et des perceptions qui non seulement ne pourront jamais être identiques, mais varieront à l'infini selon l'individualité qui les produit, voire même selon le moment auquel chaque individualité le produira. Plus cette variabilité s'attachera à des différences *minimes*, plus l'adaptation des mouvements sera artistique.

L'enseignement de l'art consiste à tort dans des généralisations empiriques, dans la diffusion de progrès surajoutés les uns aux autres, dans des qualités acquises isolément, auxquelles on attribue successivement des propriétés supérieures. A vrai dire, ces propriétés supérieures sont imaginaires, car le même défaut est inhérent à chacune de ces qualités, depuis la première jusqu'à la dernière : le défaut d'être rassemblées une à une, au lieu de dériver de la première existante, dont elles doivent toutes éclore.

...*Le même plan* se retrouve dans la vie générale du globe, dans la vie individuelle et dans la vie de l'art.

...Pour changer le mécanisme moteur humain en un mécanisme musicien, une modification capitale doit être introduite avant tout dans la fonction motrice ; sans cet acte transformateur, on s'expose à imiter la musique, son existence durant, avec un effort aussi impuissant que serait celui du moineau voulant chanter comme un rossignol.

Les turpitudes du désordre social semblent revivre dans les doigts qui tourmentent à l'excès le clavier ; tous les défauts inhérents à l'humanité leur sont inconsciemment transmis. Même si l'on suit un bon enseignement, des tours de force d'ineptie sont accomplis pour peu que l'on se mette avec acharnement à l'étude. A vrai dire, aucun système d'étude, nous n'en exceptons pas l'étude du toucher, ne peut prospérer avec l'abus du travail, car la fatigue et l'épuisement qu'il produit sont *les conditions physiologiques de l'automatisme,* qui lui-même est l'intoxication destructive de la pensée musicale. Par une heure et demie ou deux heures d'étude journalière du toucher, on peut former le mécanisme pianistique au point d'arriver à jouer avec correction les œuvres les plus compliquées ; le maximum d'étude fixé à trois heures par jour ne serait utilement employé qu'en fragmentant l'étude par tiers ou par moitié, afin d'éviter la stérilité de l'effort trop prolongé.

Il faut bien le dire : par les procédés usuels, l'abus du travail est en quelque sorte fatal, à cause de la lenteur des progrès. C'est précisément un des avantages les plus remarquables de l'étude du toucher de rallier la réduction des heures de travail à une rapidité de progrès que nul système d'étude n'a pu atteindre, même approximativement. La sensation du développement progressif du mécanisme est si vive que l'exécutant se sent en transformation constante ; d'un jour à l'autre son jeu se modifie, s'améliore sensiblement. Ces changements si rapides, si ininterrompus sont un ardent stimulant pour l'effort à réaliser par l'étude.

...Il ne faudrait pas des êtres humains plus doués, il suffirait de les rendre propres à *perfectionner les aptitudes qu'ils ont en vue d une seule,* celle de la représentation mentale des sons.

Celui qui veut transmettre l'expression du langage musical sans savoir penser les notes se croit obligé d'étudier les nuances d'une œuvre musicale comme une qualité surajoutée, tandis que l'expression doit dériver des mouvements par lesquels l'étude est faite.

La lumière serait depuis longtemps faite sur ce sujet troublant, si chaque grand artiste ne résolvait pas le problème souverain de la fusion du mouvement et de l'expression idéale transmise, sans savoir comment il opère lui-même. Funeste inconscience qui le rend impuissant à se survivre dans autrui. Il emporte son secret et son œuvre est close.

...Pour étudier les notes d'une œuvre musicale, il importe avant tout d'assurer, par des procédés spéciaux, l'immobilité du corps, l'immobilité du bras, — à l'exclusion du mouvement horizontal indispensable au déplacement de la main sur le clavier, — l'immobilité de la main et l'immobilité des doigts en dehors de leur fonction d'attaque. Un considérable effort doit être concentré sur cet état statique des muscles, en comparaison duquel l'état dynamique paraît bien peu considérable. En effet, les seuls mouvements qui doivent se produire consistent dans l'attaque instantanée faite par les fléchisseurs, soit pour enfoncer une touche isolément ou plusieurs touches simultanément. L'étude du morceau doit être faite non seulement très piano, mais extraordinairement lentement, afin d'espacer les attaques suffisamment pour qu'entre chacune d'elles l'état statique des muscles, vivement ressenti par l'exécutant, permette une nouvelle concentration d'énergie qui assure à chaque attaque le maximum de vitesse du mouvement.

C'est seulement pendant les silences que l'audition intérieure peut se manifester avec l'intensité voulue.

L'exécutant dont la vitesse et la justesse des mouvements sont augmentées, accomplit des miracles de ressemblance, de fidélité dans l'interprétation d'une œuvre musicale, car c'est à force de vouloir et de pouvoir être de plus en plus précis, qu'il sera de plus en plus vivant et expressif.

Si, concernant ce problème esthétique et fonctionnel, nous n'avons aucune notion précise, il est néanmoins permis d'affirmer que pour celui dont le jeu est très précis et rythmé, chaque temps de la mesure sera divisible en un très grand nombre de parties ; pour celui dont le jeu est moins précis, moins rythmé, chaque temps de la mesure sera divisible en un moins grand nombre de parties.

Pourquoi la justesse absolue des temps de la mesure est-elle forcément inféconde ?

Parce qu'elle est opposée aux lois mêmes de la mesure. Si une œuvre écrite en 9/8 peut être défigurée par le fait qu'on veut l'écrire en 3/8, c'est parce que trois mesures en 3/8 ne forment pas une seule en 9/8. Chaque mesure a ses tendances particulières, sa vie propre. Elle est un tout complet, dans lequel les ondes du mouvement subissent en principe une certaine dépression d'allure du commencement à la fin de chaque mesure.

L'art est une haute raison, et justifie par là son rôle civilisateur, dont l'importance va grandissant. Plus cette haute raison apparaîtra indéniablement en lui, plus sa destinée sera supérieure et puissante.

L'art de l'interprétation est basé sur trois fondements essentiels :

1º L'exécutant, à l'aide de sa science des causes infimes, doit toujours tirer un beau son de l'instrument, c'est-à-dire, il doit évoquer les vibrations des sons harmoniques qui constituent un beau timbre ;

2º Il doit pouvoir graduer l'amplitude des ondes sonores de façon à les modifier, depuis le son le plus faible jusqu'au plus puissant, par les changements les moins perceptibles.

Il doit posséder une conception unifiée de l'harmonie inhérente aux groupes de notes jouées, soit successivement, soit simultanément. Cette unité consiste, comme principe élémentaire, à relier les deux notes les plus fortes, c'est-à-dire la note fondamentale et la note extrême supérieure, par une décroissance et une accroissance des sons intermédiaires, de façon à déterminer à chaque note une action spéciale qui contribuera à la beauté de l'ensemble.

Cette espèce de relativité établie entre toutes les notes jouées rehausse l'attrait musical de la sonorité et de l'interprétation. L'exécutant, grâce à cette diversification des notes, possédera cette faculté, propre à tous les musiciens, de reconstituer l'homogénéité des rapports entre les successions d'accords qui forment la trame harmonique de l'œuvre interprétée. L'ensemble de la sonorité obtenue par des notes ainsi faiblement différenciées les unes des autres, par diminution et par augmentation des sons, représente dans l'interprétation musicale ce que le modelé représente en peinture. Bien des virtuoses à réputation tapageuse ne possèdent pas ce principe initial de la musicalité ;

3° L'exécutant doit également posséder une conception unifiée du rythme, dans laquelle l'animation rythmique ne dévie jamais, parce que l'assimilation des plus petites différences perceptibles, dans les modifications des temps d'une même mesure, a été acquise.

Ajoutez à ces trois qualités fondamentales celle, plus spéciale à l'art du piano, de savoir en quelque sorte échelonner des groupes de notes sur le clavier avec une tendance d'unification, vous aurez à peu près tout ce qu'il faudra à l'interprète pour voir éclore, d'une œuvre qu'il joue, la pensée musicale qu'elle renferme.

Avant de pouvoir la concevoir intellectuellement, il exprimera cette pensée malgré lui, grâce à ses fonctions motrices hautement perfectionnées, grâce à son art des mouvements adaptés à l'expression musicale.

Cette assertion heurtera les préjugés ; on considérera comme peu artistique de produire pendant un certain temps *malgré soi* l'expression musicale. Mais comment pourrait-on créer la conscience artistique de l'exécutant sans cette préexistence nécessaire du perfectionnement de ses fonctions organiques ?

Le plus grand artiste est celui qui, consciemment ou inconsciemment, pénètre les plus petites causes de la vie de l'art. A mesure que l'on s'attache aux causes plus apparentes aux profanes, la conception artistique décroît. Dans le cercle des élèves de Liszt, des exemples frappants de ce fait s'accomplissaient. La plupart de ces jeunes pianistes n'imitaient son jeu que par les grandes lignes, ce qui donnait lieu aux divagations les plus antiartistiques ; plus ils s'attachaient à copier les effets très apparents, plus ils en faisaient réellement la caricature. Les élèves, au contraire, dont le sens musical était plus affiné, saisissaient, en une certaine mesure, les détails innombrables dont étaient constituées les grandes lignes de son jeu ;

ils entrevoyaient ainsi le véritable phénomène de sa beauté, et cherchaient à se développer eux-mêmes dans cette voie.

Il faut bien le dire, et là nous touchons à la question si importante de l'individualité artistique de l'exécutant, tout ce qui est fait par imitation est en soi-même antiartistique.

L'interprète apprendra, en jouant les œuvres de Schumann, à mouvoir son imagination dans un cadre de représentations proches, faciles à saisir : une allée ombragée, une scène d'intérieur finement esquissée, des récits joyeux ou émouvants de la vie des enfants ; ou bien encore, il apprendra à subir l'entraînement des élans fougueux, dont la turbulence se meut à un même niveau depuis le commencement jusqu'à la fin de l'œuvre. Ce procédé invariable agit de fait autant sur l'imagination de l'exécutant par les mouvements ininterrompus exigés pour l'exécution, que par la valeur musicale de l'œuvre. C'est même en raison de ces procédés fonctionnellement stimulants qu'il est permis de considérer Schumann comme un initiateur, pour celui qui veut apprendre à penser en musique.

Son expressivité a une charpente musicale si serrée qu'elle prête un appui sûr aux exécutants dont la pensée ne saurait être susceptible de saisir des conceptions plus subtilement réalisées. Les premières manifestations de ·la pensée, Schumann sait le mieux les communiquer.

Avec l'étude des œuvres de Chopin, l'exécutant s'assimilera les finesses de l'exécution pianistique. Les impressions poétiques qu'elles soulèveront seront d'un caractère moins imagé, moins intime, moins profondément ressenti ; mais elles renferment de véritables trouvailles comme subtilité d'écriture musicale. Elles sont donc aptes à affermir le mécanisme des doigts et de la pensée, et ne seront jamais nuisibles, si l'interprète ne s'acharne pas à les défigurer par une irrégularité de rythme et une exagération de nuances que rien ne justifie.

Chopin était un musicien de haute race ; son écriture était conforme à la pensée musicale qu'il exprime à travers toutes ses œuvres, avec une lucidité de moyens qui dispense chacun de modifier, en quoi que ce soit, les indications précises dont il s'est servi pour la transmettre.

Supposer qu'un exécutant puisse se représenter par l'étude des œuvres de Liszt, tout ce que la puissante imagination de l'auteur a réalisé à travers elles, serait une utopie.

Liszt était à la fois un musicien de génie et un virtuose de génie. Les entassements de notes étaient aussi aisément conçus qu'exécutés par lui. Au problème matériel des mouvements réalisés sur le clavier, correspondait un problème cérébral que nul n'a pu réaliser après lui.

Nous avons dit que l'instinct de l'artiste est un raisonnement inconscient. Tout en laissant le problème transcendant de l'esthétique musicale hors de cause, il faut bien reconnaître que pendant l'exécution d'une œuvre les agencements de notes se combinent dans le cerveau de l'exécutant comme les agencements de chiffres se combinent dans le cerveau du calculateur.

Par conséquent, si l'on se représente un instant l'entassement des chiffres qui se meuvent dans le cerveau d'un calculateur qui réalise des problèmes avec une rapidité vertigineuse, on conçoit que le cerveau de Liszt opérait par un surcroît d'activité analogue pendant l'exécution de ces prodiges d'adresse. Il ne suffit donc pas d'envisager dans l'étude des œuvres de Liszt la nécessité de mouvoir dix doigts avec une adresse de combinaisons extraordinaires, mais celle de communiquer aux fonctions cérébrales une adresse de combinaisons bien supérieure à celle des doigts. Sans cette fusion du mécanisme fonctionnel et intellectuel, l'œuvre interprétée sera fatalement défigurée et ne ressemblera en rien à celle que Liszt a pensée et réalisée sur le clavier. On ne jouera vraiment une œuvre de Liszt que lorsqu'on la rendra expressive. Chacun devra considérer celle qui n'exprime rien quand il la jouera, comme lui étant inaccessible et absolument nuisible. Qu'il s'en garde comme d'un principe pernicieux, car cette grande complication du mécanisme des doigts a amené bien des éléments morbides qui, à notre époque, altèrent si profondément l'expression, le style musical.

Il est vrai, l'interprétation des compositions de Liszt offre l'écueil, non seulement par la difficulté, mais, dans certaines œuvres,

par la facilité extrême du mécanisme (voir les *Années de pèleri-
nages*, les *Harmonies poétiques et religieuses*, l'*Arbre de Noël*). Liszt
a affiné ses moyens d'expression avec une telle ardeur de conscience,
ses intentions sont parfois **transmises** d'une façon si fluide,
si insaisissable, qu'il fait volontairement de l'interprète son collabo-
rateur effectif. Au lieu de lui livrer une œuvre toute faite, il lui donne
un véritable problème à résoudre, tant il s'ingénie à réduire le
nombre des notes à travers lesquelles il expose son idée.

Ainsi certains morceaux, très correctement joués, paraissent ne
rien signifier et n'avoir aucune valeur musicale appréciable ; mais
on peut, en jouant tout aussi correctement les notes, leur faire exprimer une beauté transcendante, émouvante. Ces œuvres, plus que
d'autres, ont besoin d'une double création : celle du compositeur,
celle de l'interprète, qui doit en quelque sorte être apparenté au
génie du compositeur pour pénétrer dans la sphère de ses créations.

L'esprit des œuvres de Liszt ne se révélera que lorsque les interprètes qui les recréeront seront venus. Il en est de son œuvre orches-
trale comme de son œuvre de piano ; toutes deux s'élèvent à des
hauteurs radieuses avec une interprétation géniale ; elles sont
impuissantes, si l'imagination de l'interprète n'est pas fécondée
par elles.

C'est ainsi que Liszt *a voulu son art*. Sa plus haute tendance était
de suggérer une autre création à travers la sienne ; il ambitionnait
une communion ultra-intense avec ses interprètes ; une force magné-
tique devait les guider et faire concorder, par des attaches les moins
apparentes, les moins spécifiées, leur volonté avec la sienne. L'interprète devait se sentir libre comme s'il transmettait sa propre
pensée. C'est là l'innovation principale renfermée dans les œuvres
de Liszt ; sa haute nature s'est ainsi, par une abnégation suprême,
manifestée dans sa conception de l'art. L'épanouissement de sa
propre pensée ne lui apparaissait que dans le rayonnement communiqué à une pensée conjointe.

L'exécutant apprendra à connaître la radieuse splendeur de la
musique qui se suffit à elle-même, dans l'étude de l'œuvre de Bach ;
par sa magnificence imposante, elle exerce sur nous l'attrait d'un
monde pétrifié dans lequel bouillonne un remous de flammes.

Son œuvre soulève dans nos consciences un double phénomène : enserrée dans un moule dont nous ne nous servons plus, elle semble avoir perdu la forme vivante ; mais elle contient une force vive devant laquelle nous voyons notre propre néant. Ainsi un musicien peut, de nos jours, dire qu'en elle tout vit et que rien ne se meut. Eternellement sonore, elle donne l'impression d'un éternel silence ; car il sent en elle les joies et les douleurs du cœur humain enfermées sous forme d'arrêt ; il les voit toutes exister, il ne les voit pas se transformer.

Dans son impassibilité, comme dédaigneuse d'elle-même, elle tend à introduire dans la conscience du musicien cet axiome : « Connaître tout, exprimer tout et ne s'émouvoir de rien », car ainsi il la voit étaler sa force vive immuablement splendide, sans qu'à la surface la forme se rajeunisse.

Par elle, l'exécutant doit apprendre à se dominer, à être à la fois impassible et vivant, à s'assimiler cette force d'arrêt contre la sensibilité inutile, cette contemplation muette de la vie qui semble nous mettre à l'abri de certaines surprises, de certains regrets, de certains désirs. Sans l'œuvre de Bach qui ne suggère pas l'émotivité, mais semble la réprouver, notre conscience artistique serait incomplète... C'est que Bach a dû exister pour que Beethoven puisse naître.

Beethoven semble avoir éveillé dans la musique instrumentale la conscience du *moi*. Mais quelle grandeur, quelle noblesse, quelle aspiration infinie dans ce réveil où la force de lutte est à la hauteur de la force d'aspiration !

Une évolution de la pensée humaine est introduite dans la musique par le génie de Beethoven qui agrandit à la fois la conscience de la souffrance et la conscience de la beauté. En dévoilant la secrète harmonie qui relie ces deux forces, il entraîne vers cette évolution suprême toute l'humanité qui admire la nouvelle conception de l'art qu'il a créée ; car, tandis que dans son œuvre, Bach a comme fixé sur une large étendue toutes les manifestations de la vie, Beethoven les déroule dans la sienne. Son art réalise ce principe vital qui veut que rien ne demeure, afin que sans cesse tout puisse renaître embelli, agrandi, graduellement transfiguré.

Saisir le sens de son œuvre, c'est devenir un musicien plus profondément vivant, et un être meilleur.

Son œuvre ne se transmet-elle pas de génération en génération en laissant son empreinte rayonnante accomplir une tâche de relèvement ?

Toutes les profondeurs de la désespérance humaine, ne les transforme-t-il pas en exclamations éternellement émouvantes ? N'a-t-il pas sanctifié la douleur, lorsqu'il lui a communiqué ses accents les plus purs ? Toutes les manifestations de la joie, n'a-t-il pas le secret de les faire apparaître comme un élément élevé auquel la pensée s'associe, par un élan dans lequel rien n'est répréhensible ?

Heureux ceux sur lesquels son souffle passe ! Ils se sentiront devenir plus forts, car il ne leur inspirera pas le désir d'assouvissements incessants, mais la résistance contre tout ce qui est inférieur, l'aspiration vers tout ce qui est supérieur. Comprendre son œuvre, c'est sentir qu'elle nous délivre de la conception mesquine ou assombrie de la vie.

L'art doit être non seulement une *haute raison,* mais une *haute morale,* un frein, une impulsion, un progrès.

Qui, à l'égal de Beethoven le démontrera ?

Par l'interprétation de ses œuvres, l'exécutant peut se pénétrer d'une philosophie si noble, si forte, qu'à son sentiment musical s'alliera indissolublement le sentiment de la dignité humaine.

Un mauvais emploi de la pédale agit sur l'action mentale de l'exécutant comme des lunettes qui sont mal adaptées ; par contre, une application intelligente de la pédale peut en quelque sorte aider le musicien à penser.

Il est évident qu'avant tout, la trame des harmonies successives doit rester intacte dans l'exécution d'une œuvre musicale ; pour cette raison, l'emploi qu'un exécutant fera de la pédale prouvera s'il est musicien ou s'il ne l'est pas. Il prouvera autant sa musicalité par le fait de ne pas soulever la pédale plusieurs fois pendant une

même harmonie, comme s'il respirait entre les syllabes d'un même
mot, que par le fait de la soulever avec la circonspection nécessaire
pour ne permettre aucune empiètement nuisible d'une harmonie
sur l'autre.

Il règne, en ce qui concerne l'audition musicale, une erreur
générale, celle de croire qu'il est plus facile d'entendre la musique
que d'en faire.

A vrai dire, entendre de la musique et faire de la musique ne
sont pas en soi deux choses différentes ; ces deux fonctions exigent
une égale dépense d'activité intellectuelle ; mais comme on a l'air
de ne rien faire pendant qu'on écoute, on s'imagine qu'il est aussi
aisé d'écouter de la musique que de ne rien faire !

...Le véritable entendement de la musique réside dans le cerveau ;
l'émotion est produite par les rapports étroits qui font que les sens
ne peuvent être agréablement surexcités que par ce que la pensée
reconnaît comme étant beau. La pensée et les sens fusionnent :
ce que la première détermine par une activité en quelque sorte
abstraite, les sens l'incarnent avec cette puissance de vie qui leur
est propre. Dégagées des sensations vagues, l'audition musicale
peut prendre chez le musicien une si suprême grandeur, que cette
faculté d'entendre la musique semble ennoblir la vie, tant les émotions qu'elle fait naître sont fortes et vivifiantes.

Afin qu'elle vive vraiment, il ne suffit pas qu'une œuvre musicale soit recréée par l'interprète ; elle doit être recréée par chaque
auditeur qui l'écoute.

C'est là ce qui fait la force mystérieuse de la musique ; elle
fusionne en apparence les pensées des multitudes : le langage musical que tous paraissent comprendre est un lien sympathique qui fait
sentir aux êtres humains une communasuté d'origine, une parenté
d'idéal, une capacité de s'émouvoir par les mêmes attractions.
En écoutant une belle œuvre musicale, le plus humble des auditeurs

peut subir le charme de ce nivellement comme une délivrance momentanée. Il ne sent pas la distance qui le sépare intellectuellement de l'œuvre d'art qui le passionne. Ne l'a-t-elle pas pénétré par des émotions suaves ? enveloppé d'un ébouissement radieux ? Son influence n'est-elle pas si directe, si immédiate qu'elle le subjugue, et lui fait, par moments, oublier sa propre existence, tant le bien-être communiqué est troublant ?

Quel abîme entre la jouissance sensorielle que la musique peut donner aux uns, et les jouissances intellectuelles qu'elle donne aux autres !

En réalité, l'art et la science semblent devoir poursuivre un but commun : *combattre l'inconscience.*

A mesure que le *savoir*, l'analyse consciente de l'esthétique avancera, le mystère de la beauté artistique, destiné sans doute à ne jamais disparaître, reculera de plus en plus. Il en est des phénomènes de l'art comme de tous les phénomènes de l'univers ; les problèmes se succèdent sans fin parce qu'il n'y a pas de fin au savoir. Aussi n'y a-t-il pas un vrai savant, pas un vrai artiste qui ne se sente heureux à l'idée que ceux qui lui succéderont pourront savoir plus qu'il ne sait et faire mieux qu'il ne fait.

———————

CHAPITRE II

Le mécanisme du toucher

Aussitôt que nous communiquons aux contacts la même direction qu'aux mouvements, la route à suivre devient très aisée ; nous glissons sur les rails minuscules dont la nature a muni les doigts, et rendons par ce moyen nos mouvements glissés plus conscients, et nos sensations tactiles plus intenses.

L'exécutant doit apprendre la topographie de ses pulpes ; la faculté de se représenter mentalement les dispositions des lignes papillaires par lesquelles chaque toucher est réalisé est une des conditions les plus essentielles du progrès.

...En faisant trois attaques consécutives avec l'index de la main droite, nous produirons l'empreinte n° 1, fig. 1, si nous inclinons

1   2   3

Fig. 1.

la pulpe du côté gauche ; l'empreinte n° 2, si nous jouons sur la région moyenne, l'empreinte n° 3, si nous inclinons la pulpe du côté droit.

Aux exécutants qui ont acquis à ce sujet quelque expérience pratique, cette diversification des contacts paraîtra aussi élémentaire que si on voulait leur apprendre à distinguer les trois couleurs fondamentales. On peut, en effet, agir sur la rétine, et évoquer par les mélanges variés de ces trois couleurs non seulement la vision de toutes les couleurs du spectre, mais de toutes les nuances possibles. On peut de même arriver à reconnaître des diversifications de toucher et de sonorité si multiples par l'emploi de ces trois contacts, qu'ils semblent évoquer l'infinie beauté de l'harmonie musicale sous la forme de l'infinie diversification des sensations tactiles.

Plus nous étudions les organes tactiles, plus nous cherchons à analyser leur mécanisme, plus nous constatons qu'ils ne peuvent entrer en activité sans nous suggérer à notre insu des mesures ; et non seulement la musique, mais tous les arts sont au fond basés sur le même principe : *mesurer.*

C'est la pénétration avec laquelle l'artiste voit le détail qui lui fait concevoir l'ensemble avec une intensité particulière.

Si les graphologues sont vivement intéressés par l'examen des écritures parce que leurs rapports et leurs diversités les frappent, l'étude des empreintes du toucher a pour l'artiste un intérêt encore bien plus puissant, bien plus suggestif parce qu'elle aboutit à des conclusions d'une précision scientifique.

Autant de jeux différents, autant d'empreintes différentes. Aucun pianiste ne peut contrefaire les empreintes d'un autre. Celui qui progresse est aussi incapable de reproduire les empreintes qu'il a faites quelques semaines auparavant, que de réaliser celles qu'il est destiné à faire quelques semaines plus tard, s'il continue à progresser. Selon les dispositions générales du système nerveux, les contacts varient tant soit peu d'un jour à l'autre.

Voici donc l'étude munie d'un contrôle scientifique qui permettra d'apprécier la valeur de chaque enseignement, de chaque système de travail.

La vue de belles empreintes peut être pour le musicien une jouissance d'un nouveau genre, car elle lui offre la résolution d'un problème qui dénote un perfectionnement réel, une supériorité incontestable.

La difficulté n'est pas du tout là où on la cherche et où on la voit ; cette difficulté apparente dont on se préoccupe est en quelque sorte à l'exécution musicale ce que les chiffres qui marquent les degrés d'un thermomètre sont à la définition de la température. C'est grâce à ce thermomètre fictif que ceux qui arrivent à jouer des morceaux de plus en plus difficiles se croient de plus en plus en progrès. Ils n'ont jamais songé qu'envisagées ainsi ces distinctions n'ont pas de sens, car pendant qu'ils jouent une œuvre très difficile, la valeur de leur exécution peut être nulle. Par contre, un grand artiste peut jouer une œuvre très facile et réaliser le maximum de la difficulté, c'est-à-dire atteindre l'effet inverse.

Plus nous aurons vu de différences dans les dispositions des empreintes de nos contacts, plus nous en sentirons dans notre toucher et dans nos mouvements, et plus nous en entendrons dans les sons que nous produirons.

Admettons qu'une tempête soit déchaînée et que de trois personnes différentes, la première n'entende que le bruit du vent, la seconde ne perçoive que les vêtements qui la recouvrent agités violemment, et la troisième ne sente que le souffle impétueux lui cingler le visage et les membres. Ces trois sensations ne donneront une représentation complète du caractère de la tempête que lorsqu'elles seront réunies chez la même personne. Il en est ainsi pour la conception de l'art musical ; c'est à travers le développement de nos trois sens principaux qu'elle doit se former. La supériorité des grands artistes consiste précisément dans le fait qu'ils pressentent cette corrélation et l'utilisent inconsciemment.

Les dimensions réelles du clavier ne peuvent... être appréciées objectivement par le pianiste, puisqu'il sera toujours, en jouant, forcé de concevoir les dimensions qui lui sont suggérées par le caractère de ses mouvements. Parmi un certain nombre d'exécutants dont chacun, en jouant le même morceau tracerait, par le caractère de l'agencement de ses contacts, des routes différentes, c'est celui dont les groupements d'empreintes formeraient des courbes symétriques qui ferait les mouvements les plus aisés, et c'est à lui aussi que les intervalles parcourus sur le clavier paraîtraient plus courts. L'exécutant qui aurait au contraire tracé par ses contacts les routes les plus contradictoires, aurait une motilité moins aisée, et les intervalles parcourus lui paraîtraient bien plus longs.

...Dans les attaques successives bien agencées, on remarque toujours qu'il se produit, de la première à la dernière attaque d'un groupe, une facilité croissante de mouvement, parce que l'élan acquis pour la première attaque est intelligemment utilisé pour l'agencement des attaques suivantes.

...L'exécutant... doit agir comme s'il traçait des formes sur le clavier, par le fait de poser dans l'exécution de tous les groupes de notes chacun de ses doigts, avec des proportions nettement délimitées, plus ou moins au bord ou au fond des touches.

On ignore à quel point la faculté de nous représenter mentalement les mouvements que nous faisons en interprétant une œuvre musicale contribue à notre développement artistique. C'est par cette faculté que nous nous rendons musiciens, parce qu'elle nous permet d'apprendre à penser de plus en plus nettement toutes les notes que nous jouons.

Nous avons remarqué que la variabilité des sensations obtenues par des contacts intentionnellement diversifiés exerce une influence stimulante sur l'ouïe, et développe les représentations visuelles du clavier, rendues de plus en plus conscientes pour l'exécutant.

Ces représentations visuelles sont un des signes distinctifs du musicien.

Liszt ne regardait jamais le clavier en jouant. A quelques exceptions près, il cherchait vainement à communiquer cette habitude à ses élèves. Antoine Rubinstein tenait souvent les yeux fermés pendant qu'il jouait. Quant à Mozart, on rapporte de lui le fait qu'étant enfant, il jouait avec une virtuosité impeccable, même lorsque les touches de l'instrument étaient rendues invisibles par un tissu étendu sur le clavier.

Plus nos mouvements sont conformes aux lois du moindre effort, plus nous arrivons à nous les représenter, ce qui nous permet de faire des études mentales pendant lesquelles nous nous représentons avec la même netteté tous les mouvements que nous réalisons et tous les sons que nous produisons en jouant une œuvre musicale.

Fic. 2.

Lorsqu'on sera arrivé à reconnaître l'existence de ces influences, l'éducation artistique prendra un caractère scientifique qui mettra celui qui étudie à l'abri des erreurs physiologiques qu'il ne cesse de cultiver par les procédés usuels de travail. Sans erreur de mouvements, pas d'erreur de pensée et pas de sonorité mauvaise. Si l'on ajoute à cette certitude acquise le fait que chacun est à même de contrôler la valeur de ses mouvements par les empreintes qu'il réalise, il faut bien reconnaître que l'art de jouer du piano atteint une précision d'analyse, grâce à laquelle la recherche de la perfection cesse d'être une utopie.

Si cette perfection à atteindre semble des plus complexes, elle est par sa base d'une extrême simplicité. Dans l'exécution de chaque groupe de notes, les poses acoustiques nous permettent de placer le pouce et le cinquième doigt de telle façon que leurs contacts reproduisent le type du croisement des lignes papillaires dans l'attitude de préhension définie par nous (fig. 2). Les doigts inter-

médiaires doivent, par la localisation de leurs attaques, effectuer
le raccord harmonieux de ces lignes opposées.

Des interruptions qui ne peuvent pas être définies par l'écriture
existent d'une façon manifeste dans toute belle exécution : elles
peuvent être relativement grandes ou se réduire à des proportions
à peine saisissables. Lorsqu'elles sont grandes, on leur applique
en allemand la dénomination de « Luftpausen ». Ces solutions de con-
tinuité se produisent en quelque sorte d'autant plus fréquemment
que l'envolée de l'interprétation est plus grande. Nous citons le
terme allemand parce que l'équivalent nous fait défaut en français.

Les lois de l'esthétique et les lois de la sensibilité tactile fusionnent ; pouvoir diversifier les sons comme les grands artistes le font,
c'est pouvoir diversifier comme eux les sensations tactiles. On nous
reprochera peut-être de ne pas mentionner le rythme musical,
c'est-à-dire les allures impulsives des temps forts et des temps
faibles, comme principe vital fondamental de l'exécution. Dans
l'étude du piano, comme nous avons été à même de le constater,
c'est de l'agencement des mouvements que dérive le rythme, et sans
bons contacts, pas de bons mouvements, c'est-à-dire pas de mouvements qui puissent s'agencer physiologiquement.

Si nous possédions intuitivement de bons mouvements, nous
aurions aussi un bon rythme et tous nos contacts seraient justes.
Mais, comme cette intuition ne se trouve qu'exceptionnellement,
il faut au contraire que nous formions les mouvements par le perfectionnement des contacts.

Dans l'art de l'exécution, le rythme n'est pas autre chose que la
fusion complète des contacts et des mouvements.

Lorsqu'on observe attentivement les mouvements faits par les
doigts de certains exécutants qui ont développé leur mécanisme par
des procédés inconscients, on est frappé du fait qu'ils pourraient
jouer plusieurs fois le même morceau avec la quantité de mouvements

qu'ils font pour le jouer une seule fois. Il est vrai que si l'exécutant ne joue pas très faux, ces mouvements supplémentaires se font surtout dans le vide et ne s'entendent qu'indirectement dans la mauvaise sonorité qu'ils occasionnent ; malgré cela le cerveau de l'exécutant les dirige et ses fonctions intellectuelles sont entravées par cet excédent de mouvements sans but. Ces attaques muettes, entremêlées sans cesse aux autres, constituent un gaspillage de l'activité intellectuelle, comme elles constituent un gaspillage de l'activité motrice. A force de multiplier les associations inutiles dans leurs mouvements, certains exécutants se rendent incapables d'entendre les sons qu'ils produisent, et pour peu qu'ils accumulent les heures de travail, ils finissent par sentir aussi peu les mouvements qu'ils font.

On semble ignorer que dans l'exécution, certains doigts fonctionnant pendant que d'autres ne fonctionnent pas, le progrès suit une double évolution. Le rôle de l'immobilité est si important qu'on n'acquiert l'agilité artistique que par l'immobilité. Ainsi, chez ceux dont l'agilité ne permet pas d'isoler les mouvements, la pensée musicale s'atrophie ou ne peut éclore ; chez ceux dont l'immobilité assure la fixité d'attitude qui sert d'appui aux mouvements, l'entendement intérieur se forme.

Le mécanisme de l'attention réside dans les muscles qui, de même que des fils de caoutchouc, s'échauffent en se contractant. C'est donc en apprenant à gouverner ses muscles, en les rendant de plus en plus aptes à se mouvoir par impulsions rapides et indépendantes, que l'on devient réellement attentif, et par le fait capable de faire œuvre d'artiste.

Pour faire de la musique, il faut soi-même vibrer harmonieusement.

L'immobilité préalable du doigt est aussi indispensable à tout bon mouvement d'attaque que la suppression des mouvements associés qui sont inutiles, c'est-à-dire nuisibles. Dans ces conditions seulement, le doigt obéira vraiment au commandement, car toute attaque d'un doigt devient défectueuse si les quatre autres doigts de la main ne sont pas immobilisés.

Quand donc reconnaîtra-t-on qu'on ne peut étudier les mouvements artistiques que par les sensations ?

CHAPITRE III

L'intelligence et le rythme dans les mouvements artistiques

Si aujourd'hui l'*art paraît une force mystérieuse*, c'est parce qu'on le considère indépendamment de la science destinée à en démontrer la complexité cachée, étroitement reliée au mécanisme de nos fonctions mentales. A mesure que la science dévoilera le secret des mouvements artistiques, on reconnaîtra d'une façon de plus en plus évidente l'unité de la science et de l'art.

... Le mouvement... peut être stérilisé, on pourrait dire profané par sa répétition réitérée, que l'on impose dans l'enseignement des instruments de musique. Là, durant de longues heures, on développe fatalement le mécanisme des doigts au détriment du mécanisme de la pensée. Ces procédés répréhensibles provoquent une espèce de mémoire automatique des mouvements qui entrave le développement de la pensée, de la même façon que la mémoire automatique des mots imposée dans les études scolaires.

... Non seulement on ne doit pas faire de mouvements sans penser, mais on doit apprendre à penser les mouvements avant d'être à même de les exécuter dans les conditions voulues.

Dans l'éducation des mouvements volontaires artistiques, le premier rôle ne doit donc plus revenir au mécanisme des mouvements des doigts, mais au mécanisme des fonctions mentales qui

déterminent les rapports à établir dans l'exécution des mouvements. L'éducation essentielle réside dans le calcul de ces rapports
et non dans les mouvements exécutés par les doigts.

On ne pense qu'en variant sans cesse les éléments pensants partiels
qui font naître la pensée. Ce que nous considérons comme *une* pensée
se compose déjà d'une foule d'éléments pensants différents, et le
secret de l'éducation de l'enfant réside dans ces éléments pensants
différents ; il faut savoir les provoquer, afin qu'il apprenne à penser.

Il s'agit, en somme, de former une espèce de décentralisation
de la pensée ; au lieu de croire que la pensée est dans la tête, on
croira qu'elle est dans la main et dans la tête. C'est déjà un progrès
puisque, à vrai dire, il y a une parcelle de pensée partout où il y a
sensation ; apprendre à mieux sentir par sa main, c'est apprendre
à mieux penser.

Devant notre incapacité d'action, nous sommes forcés de reconnaître qu'en réalité nous ne savons pas agir, parce que nous ne
savons pas penser.

De même que l'oiseau, au moment de se poser sur la branche,
atténue le mouvement de ses ailes afin d'éviter un choc, l'élève doit,
lui aussi, éviter le choc entre le doigt et la touche, mais par un autre
procédé. Cette élasticité peut être obtenue, en effet, dès le début
de l'étude si, au lieu de maintenir le doigt fixe pendant la durée
du toucher, on transforme le toucher lui-même en un mouvement
qui reste sous le contrôle continu de la pensée, au moyen d'un
glissé réalisé en allant du fond vers le bord de la touche pendant
toute la durée du son.

Je me souviendrai toujours des chœurs *a capella* que j'ai entendu

chanter dans la cathédrale de Bâle par des écoliers de choix, il y a
nombre d'années. Comment concevoir cette pureté extraordinaire du
timbre des voix, ce fondu merveilleux des nuances, sans ces voûtes
et ces dimensions de l'édifice, sans cette masse d'auditeurs s'ajou-
tant à cette masse de pierres des murailles ? Du reste, n'importe
où je me trouve, quand j'entends de belle musique, j'ai l'impression
que l'espace dans lequel je suis placée vibre polyphoniquement,
et à cette impression se joint une vague représentation visuelle de
vibrations que je crois voir, parce que je sais qu'elles existent.

On peut dire que, dans l'étude du piano, la précision rigoureuse
des attitudes et des mouvements semble chose toute naturelle à l'enfant si, dès le début, on empêche l'idée de désordre de naître, en
lui enseignant les moyens par lesquels l'ordre peut s'établir.

A l'adulte, au contraire, on a beau indiquer ces mêmes moyens;
sans un effort considérable et prolongé, ils sont hors de sa portée.
Chez lui, l'affinement fonctionnel que la main est susceptible d'acquérir a été entravé en partie par les adaptations journalières
dans lesquelles les attitudes et les mouvements ne subissent que
des différences grossières. Sous l'influence de ces habitudes acquises,
sa main ressemble plus à une pince à deux branches qu'à un compas
formé par cinq branches capables de positions et de mouvements
divers, tels que la nature a constitué la main.

La richesse de ses germes fait que l'enfant est incompris. Nous
cherchons à lui communiquer notre savoir personnel au lieu de lui
montrer comment, par ses propres ressources, il peut se faire un
savoir personnel. On peut dire que ces germes forment par avance un
savoir inconscient auquel toute son éducation doit être rattachée.
C'est en apprenant à l'enfant à se connaître lui-même qu'on doit
lui faire connaître tout ce qui est en dehors de lui.

On n'est pas peintre ou sculpteur parce qu'on rend par le pinceau
ou le ciseau chaque image, chaque forme telle qu'on la voit ; chaque

artiste voit dans sa pensée une foule d'autres images qui, comme en
un cercle vivant, se rattachent à cette image qu'il veut peindre ou
sculpter. L'artiste s'applique à fixer l'instant dans lequel on retrouve
cet échange continuel d'images vues dans sa pensée.

Et ce sont ces images différentes qui ont existé dans le cerveau
de l'artiste qui, inconsciemment, réapparaissent dans la pensée
de celui qui regarde son œuvre ; elles produisent chez lui l'idée
de la vie, du mouvement, de l'expression vivante des formes à travers l'image inerte fixée par l'artiste.

Quelque effort qu'on tente, on est incapable de penser sans inter-
mittence un mouvement qu'on cherche à rendre complètement
uniforme. Ces arrêts caractéristiques des fonctions mentales in-
diquent que le mécanisme de la pensée est entravé par le mécanisme
qu'on cherche à communiquer au mouvement. Au contraire, dès
qu'un mouvement semble se diriger vers un but par une allure
légèrement accélérée, la pensée s'identifie avec lui ; elle circule
librement, le mouvement et la pensée semblent se compléter.

A travers l'élaboration lente de l'écriture musicale, plus on
s'est appliqué à mesurer des combinaisons de sons complexes de
l'art s'acheminant vers la polyphonie moderne, plus on s'est écarté
de la vérité rythmique.

On peut dire qu'aussi longtemps que la musique est restée simple
par la forme, le principe rythmique est resté complexe. Dans les
neumes, origine de notre système d'écriture moderne, la mesure
n'existe pas ; dans la musique grecque (dont l'affinement rythmique
devait être merveilleux en raison des subtilités extraordinaires
supposées inhérentes à la prononciation de la langue grecque),
on intercalait le temps irrationnel entre le temps long et le temps
bref, que nous avons seuls conservés. Donc, c'est à mesure que les
formes de l'art se sont compliquées qu'on a fatalement dénaturé
le principe du rythme ; dans la nécessité de mesurer les rapports
complexes, on les a supposés uniformes pour les rendre mesurables.

Dans la nature, aucun mouvement ne conserve une vitesse uniforme, mais on regarde les cascades, les forêts animées par le balancement des arbres, la mer aux vagues oscillantes, sans que ces merveilleuses combinaisons constantes des mouvements soulèvent un calcul proportionnel dans notre pensée.

On regarde avec une conscience éblouie cet ensemble de phénomènes fascinants, sans ramener par un effort intellectuel spontané toutes les évolutions simultanées des mouvements perçus à une appréciation unifiée du temps, et pourtant c'est *cette capacité d'unification qui fait que notre intelligence est.*

Cette intellectualité de la vue pourrait être appelée la *musicalité* de la vue, car les combinaisons des rythmes superposés forment un des éléments essentiels, primordiaux, de la musique, et l'oreille habituée à les analyser semble, dans la perception de la divisibilité du temps, plus intellectuelle que l'œil. Il est vrai que, dans la nature, la plupart des mouvements non seulement se voient, mais s'entendent aussi ; mais ces rythmes dans lesquels la tonalité tient une si faible place, sont décolorés pour l'oreille, comme le serait pour l'œil une nature grise éclairée par une lumière blanche. L'oreille saisit moins bien ces rythmes en grisailles, et pourtant, dans le bruissement des feuilles, les différences de durée des mouvements doivent être mieux perçues par l'oreille que par l'œil. Dans la perception de ces genres de rapports, il est vrai, nous sentons bien que l'identification de l'audition et de la vue n'existe pas, puisqu'un sens perçoit plus vite que l'autre. Les perceptions des deux sens sont comme séparées par une cloison : quand l'œil voit déjà, l'oreille n'entend pas encore.

C'est en raison de l'harmonique activité de nos sens qu'il faudrait, pour bien regarder, regarder non seulement visuellement mais musicalement, c'est-à-dire avec l'analyse spontanée de la durée différentielle des phénomènes visuels. Car si l'art musical est si particulièrement attrayant, c'est en partie parce que le déroulement des sons fait saisir mieux les différences des rythmes que le déroulement des images.

L'oreille peut faire discerner les oscillations infimes du rythme, l'œil, trop peu exercé, ne les fait pas voir.

Si les sensations provoquées par la mise au point de la main du pianiste peuvent être comparées à celles provoquées par la mise au point de la bouche et des lèvres du chanteur, c'est que :

1° Le creux formé dans la paume de la main par l'équilibre spécial des attitudes des métacarpiens est chez le pianiste en corrélation avec le timbre de la sonorité, comme le caractère de la tension communiquée par le chanteur aux parois de la cavité buccale est en corrélation avec le timbre de la voix ;

2° Les attitudes des doigts sont, comme les attitudes des lèvres, en corrélation avec le timbre ;

3° La liberté, l'élasticité des mouvements des doigts agit sur l'articulation des pressions, comme la mobilité élastique des lèvres agit sur l'articulation des mots.

En réalité, qu'il s'agisse de provoquer des ondes sonores par l'air expulsé ou par les pressions transmises aux touches, l'harmonie résultante dérive d'une harmonie de sensations qui se ramène à des causes identiques.

Lorsqu'il y a bon nombre d'années déjà, l'existence de ces rapports m'apparut, j'ai supposé qu'un jour viendrait où l'humanité se serait transformée par la conscience précise de son pouvoir de créer volontairement des associations d'attitudes, de fonctions et de sensations d'où émane, par un principe unique, *la beauté*, *l'harmonie*. Quand le toucher musical sera devenu une science, ce pouvoir supérieur existera sans doute et, par le fait que tous les êtres humains pourraient harmoniser leurs voix avec une justesse absolue, l'association des voix nombreuses paraîtrait un besoin irrésistible, et elle pourrait produire une force de relèvement et de concorde admirable.

Et cette beauté acquise ne serait qu'une vérité scientifiquement analysable ; on en connaîtrait alors les causes ; car l'harmonie physiologique inhérente à notre organisme est une musique que nous n'analysons pas encore, mais en attendant qu'une faculté d'adaptation nouvelle soit formée par cette analyse, le besoin d'harmonie, la recherche de la beauté et de la vérité subsistent.

Le pianiste doit avoir la sensation d'extraire, de tirer le son de l'instrument et non pas de le produire par le poids de ses pressions.

Cette sensation d'un poids qui réagit contre une surface résistante correspondrait plutôt à l'idée de faire *rentrer* le son dans l'instrument. C'est du reste l'effet négatif réel que produisent les pianistes qui dépensent un poids réel, un poids non pondéré dans l'exécution de leurs mouvements.

Pour une double raison, on doit éviter de transmettre le poids à la touche :

1º Parce que le poids non pondéré produit, comme nous venons de le dire, un résultat négatif sur la sonorité ;

2º Parce que c'est le cerveau qui doit dépenser la force qui correspond à ce poids, et il doit la dépenser précisément de façon à ce que le poids soit éliminé du mouvement.

Ainsi, si j'abaisse le doigt avec une vitesse maxima, sans avoir une représentation quelconque d'un mouvement fait en sens inverse, ma pression transmet à la touche un poids non pondéré, un poids direct.

Si, pendant que j'exécute le même mouvement d'abaissement, je me représente simultanément un mouvement d'élévation fictif exécuté par ce même doigt, je rends, par cette représentation inverse, le mouvement réellement exécuté, élastique. Les rapports entre la vitesse du mouvement et la pesanteur acquise sont suspendus ; le mouvement cesse d'être direct, il est traversé par la pensée, le poids transmis n'est plus le même, il est pondéré, il est artistique.

Si le relèvement de la touche se faisait avec la même vitesse que l'abaissement, chaque son disparaîtrait approximativement avec la même vitesse que celle avec laquelle il a été émis ; dans ce cas, à moins qu'il ne s'agisse d'un *staccato*, l'harmonie qui a pu être provoquée par le caractère de l'abaissement de la touche sera contrecarrée par le caractère de son relèvement ; pour que les sons successifs s'harmonisent, le doigt, après avoir enfoncé la touche avec une vitesse maxima, ne doit la quitter que bien plus lentement, afin que chaque son s'éteigne graduellement au lieu de s'arrêter brusquement.

Pour bien définir ces rapports, il faudrait dire que le doigt ayant agi sur la touche par un abaissement rapide doit sentir, en quelque sorte, la touche réagir sur lui, car le pianiste doit analyser le relèvement graduel de la touche comme si celle-ci, en se relevant, relevait le doigt.

La pensée ne circule librement dans un mouvement que lorsque la vitesse de ce mouvement est en constante transformation et, en somme, toutes les transformations inhérentes aux propriétés des mouvements artistiques pourraient se ramener à une transformation unique : celle de la vitesse, car cette transformation, c'est le *rythme*, c'est la *pensée*.

...Si nous marchons automatiquement, chacun de nous ayant néanmoins son équilibre particulier dont est formée l'allure générale de sa démarche, le rythme n'est pas exclu des mouvements de la marche ; mais ces finesses échappent au regard : c'est le caractère dominant de la régularité qui nous impressionne surtout. Et c'est en quelque sorte cette régularité d'intervalles (les différences de durée mises à part), qu'on retrouve dans les mouvements des pianistes, lorsque leur jeu est mécanisé : ce qui permettrait de dire, malgré le manque d'élégance de l'image, que leurs doigts marchent selon le même principe que leurs pieds. Ils jouent deux, quatre, six notes et puis des successions nombreuses de notes avec une régularité parfaite ; et par conséquent d'une façon anticérébrale, antiesthétique, antimusicale.

L'état primordial de la conscience, si l'on peut s'exprimer ainsi, c'est l'état *élastique*.

Dans l'évolution de l'éducation qui se prépare, il s'agirait de combiner dans une certaine mesure l'éducation de tous les sens avec l'éducation du toucher, dont l'affinement progressif peut être contrôlé par la géométrie linéaire des sensations tactiles rendues apparentes par les empreintes. On pénétrerait ainsi plus en avant dans la géométrie des phénomènes cérébraux, dont les intelligences supérieures doivent bénéficier d'une façon générale, tandis que les intelligences inférieures en pâtissent, sans qu'on ait su jusqu'à présent soutenir ou diriger les efforts des uns et des autres avec la clairvoyance voulue.

Dans l'enseignement nouveau dont il s'agit, c'est l'organisme de l'exécutant qui est considéré comme le véritable instrument de musique, tandis que le piano qui transforme ses combinaisons sensorielles fausses ou justes en musique mauvaise ou bonne, n'est lui-même considéré que comme un miroir, qui permet non seulement de se connaître soi-même, mais, chose encore préférable, de se perfectionner.

Quoique cette polyphonie sensorielle des pressions, transmissible au clavier, ne puisse être atteinte chez l'adulte qu'à la suite d'une transformation visible dans l'aspect général de la main, transformation acquise par l'éducation des mouvements élémentaires, néanmoins c'est dans cette voie que l'effort de l'enseignement doit être dirigé chez l'adulte et à plus forte raison chez l'enfant, dont les admirables facultés manuelles s'amoindrissent avec le développement de là croissance, de l'âge de onze à quatorze ans, et disparaissent généralement ensuite sans avoir été utilisées. Cette disparition est une perte pour l'existence ultérieure, on pourrait dire pour toutes les existences ultérieures, s'il y a procréation. Car les acquisitions définitives du perfectionnement manuel se feront à travers les générations par des transformations organiques graduelles de la main.

... Cette harmonie (1) correspond non seulement à des sensations de vibrations constantes perçues dans toute l'étendue des phalangettes, mais il s'y joint aussi des sensations plus intenses encore éprouvées dans les ongles, telles qu'on les éprouve réellement quand on réalise une pression. De plus, les mains maintenues immobiles dans l'espace, restent elles-mêmes si vibrantes, qu'elles seraient portées à accuser les yeux d'impuissance, puisque l'espace paraît

____

(1) Des pressions.

vide à ceux-ci, tandis qu'à elles l'espace reste si perceptible qu'il semble s'adapter, comme un gant d'une élasticité fluide, aux sillons les plus infimes de leur peau ; et loin de produire la moindre gêne, ces sensations d'espace servent de stimulant aux mouvements dont la liberté apparaît plus complète.

Dès que l'interprète arrive à se représenter l'orientation terminale des lignes digitales mises en contact avec le clavier, il constate qu'une transformation s'opère dans son jeu. Par cette localisation terminale, la pensée prend, en effet, une avance sur la réalisation des touchers, de sorte que les pressions suivent corrélativement l'orientation de la pensée comme mues par un attrait inévitable ; elles vont où la pensée *est*. C'est de cette communion que surgit l'allure rythmique du toucher.

On se rend compte combien...: l'unité d'allure rythmique de certains traits serait rehaussée si les notes (1) étaient graduellement plus rapprochées ou plus éloignées, selon qu'il s'agit d'un rythme légèrement accéléré ou retardé ; l'œil arriverait ainsi à lire musicalement, parce que les différences infimes de la durée seraient identifiées avec les différences infimes des dimensions.

Et, lorsque l'art aurait acquis l'affinement qu'exige ce genre de lecture, le problème du rythme serait reculé d'autant ; à travers ces gradations perçues dans l'écriture, la pensée du lecteur ou de l'interprète en percevrait d'autres, plus minimes encore ; plus la conscience de la divisibilité évolutive du temps progresserait par ce perfectionnement visuel, auditif, tactile, plus la beauté vivante, non seulement de l'art, mais de la nature, se manifesterait devant une humanité devenue plus consciente de la beauté.

Notre pensée est une propriété de la divisibilité différentielle des

---

(1) Dans l'écriture musicale.

rythmes universels, et non pas seulement une propriété émanant de notre structure corporelle et de nos aptitudes fonctionnelles. Notre pensée est à la fois en nous et en dehors de nous, et, sans doute, plus son affinement grandira, plus nous la sentirons en dehors de nous.

Qui n'a été frappé en voyant un peintre décorateur à la recherche d'un ton par lequel il harmonisera une boiserie avec la tonalité d'un mur, de la subtilité des transformations qui s'opèrent pendant ces recherches dans cette tonalité du mur. Car l'introduction de chaque nuance nouvelle par laquelle on voit le ton qu'on cherche à approprier se modifier, modifie corrélativement aussi le ton du mur, de sorte que ce mur qui réellement reste invariable semble changer sans cesse de ton. Comme le toucher continu du médius gauche, par exemple, change de dimensions selon qu'on lui oppose successivement le toucher de l'index, du médius, de l'annulaire ou de l'auriculaire droit, de même ce mur change de ton selon qu'on lui oppose des nuances légèrement différenciées.

Puisque dans tous les arts les lois de la perspective se retrouvent, les causes qui font percevoir la variété des dimensions doivent se relier entre elles, soit qu'on perçoive cette variété réellement dans l'espace ou seulement mentalement dans la pensée. Envisagé d'une certaine façon, le déroulement des sons n'est qu'un genre de perspective. Non seulement nous formons nous-même comme le centre de l'œuvre musicale que nous écoutons, puisque, conservant un certain souvenir des sons entendus, nous acquérons pour ainsi dire une compréhension préalable des sons qui vont suivre, nous entendons en avant et en arrière, comme nous regardons en avant et en arrière ; mais la diminution ou l'augmentation du volume et de la vitesse des sons produit de même des sensations de perspective comme si, selon leur degré de force, les sons étaient entendus de plus loin ou de plus près, ou comme si, selon leur degré de vitesse, l'allure des sons était perçue sous une image visuelle quelconque, de plus loin ou de plus près. Dans l'art musical, il est vrai, ces rapports

ne se trouvent qu'incidemment reliés ; néanmoins si l'intensité de la
volonté contenue peut être figurée par un plain-chant lent et fort,
ou par un choral, ces chants ne donnent jamais la représentation de
l'intensité de la vie réelle. Lorsque cette intensité de vie peut être
évoquée parfois par des sons lents et doux, c'est qu'elle se ramène
à des sensations de rêve, à des états d'extase qui approchent du rêve,
ou de l'intuition de ce qu'on appelle l'*au-delà* ! On pourrait dire que
toute l'attraction exercée sur nous par l'art musical pourrait se
transposer en sensations visuelles d'espace, si nous *savions regarder*
comme nous *savons écouter*.

Précisément, l'impossibilité de conserver aux rapports des dimensions et des mouvements perçus leur justesse, dès que notre personnalité entre elle-même dans l'image perçue, nous montre combien
il nous est relativement facile de concevoir l'harmonie dans l'art,
mais combien nos sensations subjectives sont peu faites pour nous
permettre d'envisager notre existence reliée à celle des autres dans
les mêmes rapports harmonieux. Dès que notre personnalité entre
dans l'image, il s'élève dans notre pensée un manque d'harmonie
qui trouble l'ordre général.

Si, placée dans un espace étendu, où il y a peu de circulation,
de sorte que la vue reste libre, je veux, en marchant de mon pas
habituel, apprécier avec justesse l'allure plus vive de ceux qui pas-
sent devant moi, la fausseté de mes estimations est si frappante
que j'ai peine à concevoir l'erreur qui se produit. Je suis forcée
de reconnaître qu'en général je conçois les actions des autres seulement dans la mesure où elles présentent le moins de contraste
avec les miennes : car si, pendant que je marche lentement, il m'est
impossible d'apprécier, même approximativement, combien les
autres marchent plus vite que moi, c'est que dans ce cas la représentation des contrastes m'est rendue presque impossible. Je ne me
rends, en effet, compte de la supériorité d'effort dans la vitesse de
la démarche des autres qu'en mettant mon pas à l'unisson avec le
leur.

Comparée à l'unité de l'art qui se déroule dans la perspective des sons, cette surestimation subjective nous montre la presque impossibilité de l'art de la vie en raison de ces *notes* dont le rythme reste, pour chacun de nous, comme hors cadre.

Dans la lutte contre l'instinct égoïste, la transformation de la vue, l'affinement général des sens ne seraient-ils pas bien plus efficaces que toutes les théories généreuses malgré lesquelles nous restons quand même inconnus les uns des autres ? L'intention d'être bon, c'est quelque chose ; la nécessité de l'être serait infiniment plus.

Si les analogies des phénomènes visuels, par rapport au monde externe, et des phénomènes sensitifs, par rapport au monde interne, sont si frappantes, c'est qu'il y a deux perspectives dont le mécanisme est corrélatif, l'une pour regarder en dedans, l'autre pour regarder au dehors.

Si, dans le mécanisme artistique, la perspective interne peut éveiller en nous des images, des idées immenses, c'est que rien ne prouve que le mécanisme à travers lequel nous nous sentons nous-mêmes exister soit différent de celui à travers lequel le monde extérieur nous apparaît. Cette unification du principe de la vie universelle, par laquelle le domaine de l'intelligence, de la pensée serait animé par les mêmes lois que celles qui régissent la matière dans l'espace visible, ne serait-elle pas un acheminement vers un perfectionnement dont on ne peut encore entrevoir que vaguement la force éducatrice ?

Ainsi, c'est chez l'interprète qui distingue les plus faibles différences dans ses sensations et mouvements que se produisent les conceptions esthétiques les plus étendues ; chez celui où la pensée ne circule pas, l'idéation s'arrête ; chez celui qui ne sent que par fractions plus grossières, l'idéation se rétrécit, parce que : 1º dans ses surfaces tactiles, sa pensée ne circule pas partout comme le regard peut circuler partout dans l'espace ; 2º il a, dans ses sensations, des interruptions qui correspondent à des murs partiels qui s'élèveraient dans l'espace, murs par lesquels le regard est arrêté. Ces murs ne sont dans leur réalité ultime que des lignes digitales mal orientées qui coupent la perspective des sensations et la perspective des idées.

La perspective des réalités externes, ainsi que celle des réalités internes, semble se manifester comme si les mêmes forces étaient en jeu, comme si le discernement de toute chose reposait sur une base unique.

Dans ces conditions, nécessairement, mon intelligence m'apparaît sous l'influence des mêmes lois que mes mouvements. J'admets d'autant plus l'existence de cette influence unique que, si j'arrive à changer les rapports qui relient mes organes tactiles entre eux en transformant mes attitudes externes, j'arrive, au point de vue de l'action interne cérébrale, au même résultat que si j'avais modifié ces organes eux-mêmes ; car la valeur réelle de ces organes réside dans leurs rapports réciproques, comme la valeur de ma pensée réside dans les rapports des images dont elle se compose.

Nous ne voyons que ce que nous avons appris à voir, nous ne touchons que comme nous avons appris à toucher : il y a une vision supérieure comme il y a un toucher supérieur qui nous apprendraient plus de choses qu'on ne peut supposer. Car c'est à mesure qu'on sent, qu'on entend, qu'on voit plus finement qu'il se fait une transformation totale dans notre esprit. La vision des rapports inaperçus entr'ouvre un nouveau monde interne par lequel le mystère de la vie semble pénétrable, parce que les liens qui relient les choses s'agrandissent, tandis que les choses elles-mêmes s'amoindrissent.

L'influence du centre de gravité peut être la même extérieurement dans l'équilibre corporel, intérieurement dans l'équilibre mental. Et peut-être, vu le caractère fonctionnel de nos sens, est-il impossible que nous subissions l'influence des lois de la pesanteur sans qu'elle provoque la représentation inverse de la résistance au poids ; et ainsi, notre conception générale des images est en réalité double et, en même temps, renversée ou symétrique ?

Je dois dire que la nécessité absolue de contrastes, qui se retrouve jusque dans les moindres phénomènes de conscience, me fait croire à l'existence d'une espèce d'égalité de la force inhérente à toute chose, de sorte que les choses elles-mêmes ne me paraissent différentes que parce qu'elles ne me permettent pas de pénétrer avec une égale intensité cette force.

On peut admettre que, par rapport aux propriétés inhérentes à l'orientation des attitudes, l'adaptation des deux mains est infiniment mieux appropriée dans le maniement des instruments à archet que dans celui du clavier.

Chez les violonistes, les faces des deux mains sont orientées en sens opposé, c'est-à-dire que la face dorsale de la main droite est orientée vers en haut, celle de la main gauche vers en bas. Chez les pianistes, c'est la face dorsale des deux mains qui reste orientée vers en haut et il en résulte une maladresse notoire de la main gauche, provoquée par les rapports antiphysiologiques inévitables de ses attitudes.

Il se pourrait que la main gauche n'ait été considérée comme *une main qui ne sait pas* que parce qu'on ignorait ses véritables aptitudes.

...A notre insu, les lois de la pesanteur nous dominent de façon à former l'action complémentaire invisible de toutes nos actions.

...Il faut agir comme si chaque main était mentalement complétée par une main conjointe fictive.

En somme, sous l'influence de cette forme manuelle complémentaire, on se sent transformé comme si n'ayant connu et utilisé que les gros ressorts de son activité fonctionnelle, on en découvrait de petits qui soudain dévoilent un perfectionnement ignoré. On pourrait dire que ce perfectionnement se produit chaque fois que nos pressions manuelles allant en hauteur et en profondeur se pénètrent de manière à faire disparaître dans une certaine mesure de notre conscience l'idée de distance et l'idée de matière, pour les remplacer par la conception d'une nouvelle force qui n'est que mouvement.

Mes idées ne tendent pas vers une philosophie esthétique nouvelle, elles signalent avec une grande insuffisance une vérité physiologique inconnue.

Un jour, peut-être, lorsque par le perfectionnement manuel et, par conséquent, intellectuel, cette vérité sera pratiquement explorée, les philosophies pâliront devant son épanouissement, parce que leurs rêves seront remplacés par des réalités nouvelles plus hautes que ces rêves.

CHAPITRE IV

Les rythmes du regard et la dissociation des doigts

Quand, en 1868, à Rome, j'ai entendu pour la première fois Liszt, toutes mes facultés auditives semblaient se transformer dès qu'il commençait à jouer ; cette transformation inattendue m'a frappée plus que son jeu lui-même.

Il semblait qu'atteinte jusque là de myopie musicale, j'avais tout à coup découvert qu'il existe une perspective dans l'audition des sons ; je ne pouvais, en effet, suivre une phrase sans être, à l'audition de certains sons, forcée de revenir sur certains autres sons déjà lointains ; ou plutôt, ces sons réapparaissaient dans mon esprit d'une façon soudaine et m'impressionnaient comme si je voyais des revenants..

Pendant que j'écoutais cette musique, si différente de celle que j'avais entendue jusque là, je sentais ma pensée circuler comme si elle avait acquis, indépendamment de ma volonté, la faculté de marcher en avant et en arrière par des chemins que je ne connaissais pas.

Je ne m'expliquais pas comment ces chemins parcourus par ma pensée pouvaient surgir avec leur orientation si précise, dont j'ignorais la cause.

Il faut bien le dire, ce n'est pas la musique telle qu'elle est écrite par le compositeur, que j'entendais, c'est la transfiguration idéale de cette musique, une musique infiniment plus belle, infiniment plus divisible, dans laquelle précisément les gradations les plus infimes des rythmes et des nuances, celles qui ne peuvent plus se traduire par les signes de l'écriture, produisaient les impressions les plus profondes et les plus durables.

C'est par points distincts que les notes sont groupées sur le papier de musique ; elles n'ont pas de vie commune dans le vrai sens du mot ; au contraire, les notes pensées par le musicien s'influencent par rapport à leur durée et leur intensité ; elles se rapprochent et s'éloignent respectivement les unes des autres par gradations infinitésimales, et ce sont ces influences fluides qui forment le lien supérieur que l'écriture ne définit pas, mais que le musicien perçoit et fait percevoir lorsqu'il agit sur la pensée de ses auditeurs comme Liszt a agi sur la mienne.

Évidemment le jeu de Liszt avait agi sur mon esprit de manière à lui communiquer des facultés qu'il n'avait jamais eues ; et s'il m'a suggéré ainsi en quelque sorte un esprit différent du mien, c'est parce que, spontanément, il m'a suggéré une autre mémoire, une mémoire à travers laquelle les impressions provoquées par les sons se prolongeaient pendant une période assez longue pour que l'art musical lui-même me parût transfiguré.

Et c'est précisément la prodigieuse dissociation des doigts de Liszt, intimement reliée à la transcendante cérébralité de son jeu, qui a provoqué le perfectionnement momentané de ma mémoire, et par conséquent de ma pensée musicale.

Voici comment s'explique le lien qui existait entre la cérébralité du jeu de Liszt et la dissociation merveilleuse de ses doigts.

On peut dire qu'en raison de cette dissociation tout à fait exceptionnelle, Liszt possédait de chacun de ses doigts un *état de conscience* distinct dans lequel il percevait, comme dans un quadruple miroir, les états de conscience différents de chacun de ses autres doigts ; c'est la justesse de la proportionnalité de ces miroitements multiples qui produit à la fois le maximum de transparence de la sonorité, et le maximum de fécondation de la pensée musicale.

Mais, précisément, grâce à ce quadruple miroir dont chacun de ses doigts devait être muni, la main de Liszt ne ressemblait pas aux nôtres, car nous ne sentons pas à travers l'activité d'un seul doigt se refléter la force vive des autres doigts. En réalité nous ignorons que si dans chaque main le pianiste ne joue qu'avec cinq doigts, son cerveau devrait opérer comme s'il en percevait vingt-cinq dans chaque main.

Depuis que je suis arrivée à épurer tant soit peu mes sensations tactiles, il me paraît inadmissible que le développement de cette musique muette qui se répand dans mes doigts (car mes sensations tactiles semblent posséder une harmonie et se relier entre elles comme mes sensations auditives) ne soit pas considéré comme une mesure d'hygiène manuelle et intellectuelle qui s'impose à l'être civilisé ou qui se dit tel.

C'est en écoutant, dans ma pensée, les successions de doubles croches de la première Etude Paganini-Schumann que j'ai eu l'idée d'essayer si la superposition des phalangettes du pouce et de l'index ne rendrait pas cette audition mentale plus vibrante.

Dès que j'avais établi ce genre d'anneau tactile (voir fig. 3) au moyen de la courbure de l'index et du pouce... les sons, au lieu de se succéder comme des unités distinctes, se groupaient ainsi en temps fort et temps faible, et chaque temps faible ne paraissait plus qu'une conséquence du temps fort.

Mais lorsque, au lieu de me servir de cet anneau tactile formé par l'index et le pouce (fig. 3), pour mieux entendre, je m'en suis servie pour mieux voir, il en est résulté une transformation totale de ma vue.

Par une circonstance fortuite, c'est en suivant des yeux les gestes de deux ouvriers maçons occupés à réparer, à une certaine distance de mon logis, un escalier en pierre blanche, que j'ai d'abord constaté cette transformation.

Ces ouvriers étant vêtus de blanc, des ombres très nettes se profilaient sur leurs vêtements à leurs moindres gestes ; favorisée par cette vision précise, je distinguais non seulement, comme il se produit d'habitude, le début et la terminai-

Fig. 3.

son des impulsions successives, mais je les voyais encore se décomposer en fractions infimes, dans lesquelles la vitesse variait sans cesse. De sorte que ces gestes professionnels semblaient se changer en une espèce de mécanisme d'horlogerie à action continue nettement visible, mais dans laquelle, comme dans les oscillations pendulaires, la vitesse restait en constante transformation.

Ce premier résultat une fois acquis, j'ai pu pendant plus d'une année analyser journellement, au moyen de la superposition de l'index et du pouce, les transformations rythmiques les plus variées dans tous les mouvements perçus. J'ai dû ainsi perfectionner ma vue et arriver peu à peu à découvrir de plus en plus d'analogie entre le rythme musical et les rythmes du regard.

Il est à noter que si l'action exercée par l'anneau tactile semblait bien plus accusée dans les transformations visuelles que dans les transformations auditives, il existait néanmoins entre les deux phénomènes une analogie initiale frappante ; car si, d'une part, au lieu de continuer à entendre des successions régulières de doubles croches, je percevais soudain ces doubles croches par groupes dans lesquels les sons impairs et pairs se reliaient entre eux en s'écartant respectivement des groupes voisins, je voyais aussi, d'autre part, dans ces gestes professionnels, la régularité des impulsions successives se transformer, puisque tous les mouvements perçus par mon regard avaient acquis deux caractères bien distincts ; les mouvements qui allaient en s'accélérant, et ceux qui allaient en se ralentissant.

Ces changements rythmiques ininterrompus exerçaient une espèce de fascination sur le regard. L'attrait particulier qui se dégageait de cette vue me faisait considérer ces ouvriers comme un genre particulier d'automates, soumis, dans le maniement de leurs outils, à une force pondératrice dont ils ignoraient eux-mêmes l'existence, mais dont, à travers leurs moindres gestes, ils me faisaient pressentir l'incommensurable grandeur.

Et par le fait de relier à une cause première identique, les conditions dans lesquelles ils accomplissaient leur tâche, ces manœuvres me paraissaient si semblables l'un à l'autre, qu'une harmonie indicible semblait unir leurs efforts, et transfigurer leurs actes ; et cette vue plus consciente m'obligeait de penser qu'une pénétrante mais mélancolique poésie enveloppait ces travailleurs et leurs actes passagers qui me révélaient les rythmes des forces éternelles.

Et, si surprenant que cela paraisse, ces pensées évoquées par la transformation de ma vue se rattachaient elles-mêmes, comme les transformations des sonorités de l'orchestre et des voix humaines, à l'influence exercée par les attitudes communiquées à mes deux doigts. Je n'aurais pas, sans voir ainsi, pensé ainsi.

Comment s'étonner si, dans ces conditions, la vue de gestes si simples, d'apparence si monotones, me paraissait aussi émouvante que la vue d'une œuvre d'art ? En somme, c'est parce que le labeur en lui-même est beau, que, par des raffinements de procédés, nous cherchons à nous pénétrer de sa beauté en créant des œuvres d'art. Vu notre incapacité de saisir les vérités profondes sous les formes trop élémentaires qui ne surexcitent pas notre attention, nous contemplons la beauté dans l'œuvre d'art, sans percevoir le lien intime qui unit les activités manuelles de l'artisan et de l'artiste, et sans soupçonner que les lois qui dominent les manifestations du labeur de l'ouvrier dominent, mais sous une forme plus complexe, les manifestations de l'artiste ! C'est en quelque sorte à travers l'émotion que la beauté artistique nous fait éprouver que nous entrevoyons la puissance immuable des lois par lesquelles nos mains construisent à l'image de la nature ; mais on peut supposer qu'à mesure que nos sens se perfectionneront, nous verrons peu à peu ces lois rayonner à travers toutes les manifestations de l'activité manuelle.

Il y a affinité secrète entre la structure de l'arbre et la résistance qu'il offre au milieu qui agit sur les ramifications de ses branches, et notre structure et la résistance que nous offrons nous-mêmes aux influences exercées sur notre émotivité dont la contingence avec le milieu reste constante.

Cette analogie m'a particulièrement frappée un jour où, étant troublée et douloureusement émue par une pensée obsédante, je me trouvais soudain face à face avec les balancements rythmiques de nombreux sommets d'arbres aperçus par la fenêtre de la chambre où je venais d'entrer.

Devant cette harmonieuse dépense de forces, je restais saisie d'étonnement, car ces sommets, dont la jeune verdure printanière laissait la structure des branches parfaitement à découvert, m'apparaissaient comme animés de forces distinctes. Et, à vrai dire, je ne voyais pas seulement, en réalité, des sommets animés de rythmes distincts, mais je voyais aussi, en imagination, corrélativement des troncs d'épaisseurs différentes ; involontairement, je ramenais les différents rythmes, perçus dans ces sommets, au plus ou moins de résistance que les troncs devaient offrir à l'intensité du vent.

Du reste, j'étais tout aussi disposée à admettre que, dans cette multiplicité de rythmes, la force du vent se divisait pour mon regard en autant d'intensités différentes qu'il y avait de sommets différents et que, corrélativement, ces intensités se subdivisaient différemment dans chacun des sommets, jusque dans la plus minime parcelle de chacune des branches.

Mais, de toute façon, le calcul des transformations simultanées des rythmes que la vue de cet admirable équilibre des forces en mouvement m'a suggéré n'a pu se faire sans que l'équilibre se rétablisse dans ma pensée, c'est-à-dire dans la totalité des phénomènes rythmiques qui me font sentir, voir et entendre, et par conséquent penser. La pondération harmonieuse qui m'envahissait soudain me démontrait, par le contraste provoqué, l'impondération qui devait exister avant que cette image rythmique ait réussi à rétablir l'ordre, et à changer ainsi le courant de mes pensées, car l'obsession avait disparu.

Certes, quelqu'un ayant voulu par des paroles me suggérer d'autres pensées que celles qui m'obsédaient n'y aurait pas réussi, mais ces sommets d'arbres faisaient mieux que me parler ; la force dont ils étaient animés m'animait à mon tour à travers l'image qui était mon œuvre ; car cette image n'a pu s'effectuer sans que toutes les propriétés merveilleuses de ces rythmes aient communiqué un ressort vital imprévu et une suprême élasticité à mon corps. J'ai cru remarquer, en effet, que ma capacité de rester fixe augmente à mesure que le nombre des évolutions rythmiques simultanément analysées augmente. J'ai été bien souvent frappée par cette relation qui existe entre la faculté de voir augmenter le nombre et la dissociation des mouvements simultanément perçus et la faculté de sentir augmenter en soi la résistance au mouvement. Cette nécessité d'augmenter la fixité pour percevoir des mouvements plus dissociés a, dans ces conditions, il me semble, une analogie avec la nécessité de rendre le vide plus complet, afin de mieux analyser les phénomènes de la dissociation de la matière. Il se pourrait donc que la finesse et la multiplicité extrême des transformations rythmiques perçues, soient à même de susciter une nouvelle distribution de nos forces, et de changer ainsi notre volonté.

Quoique je sois encore très inexpérimentée dans cette pénétration de l'unité des manifestations rythmiques de la vie, je suis frappée de la similitude qui existe entre la mutilation de la forme des arbres et les mutilations rythmiques qui en résultent. Car les arbres tondus n'ont plus de rythmes normaux ; les branches mutilées sont animées de secousses d'un genre spécial qui ressemblent, pour mon regard du moins, à des exclamations douloureuses. Dans ces conditions l'échange harmonieux des forces soulevé par les oscillations rythmiques disparaît, il est remplacé par des espèces d'ébranlements saccadés comparables à la respiration oppressée d'un malade : c'est le rythme contre nature, qui se joint à la forme contre nature.

J'ai si nettement conscience de ces phénomènes, qu'en voyant les perturbations rythmiques d'un arbre tondu, je me représente malgré moi les extrémités des branches qui lui manquent : cela m'aide à comprendre comment un amputé peut parfois sentir l'organe qu'il ne possède plus.

Mais s'il existe une certaine analogie fondamentale dans les balancements de tous les arbres par rapport à la répartition des rythmes, ces rythmes subissent eux-mêmes les modifications les plus variées d'un arbre à l'autre. Plus la structure des arbres est différente, plus les balancements provoqués respectivement par chacun de ces arbres prennent des rythmes distincts dont les allures sont si reconnaissables que des classements distincts pourraient s'établir aussi bien par les affinités des rythmes que par les affinités des formes. On n'apprend vraiment pas à connaître foncièrement la vie des arbres sans joindre à l'analyse de leurs formes l'analyse de l'action rythmique qui se dégage de leurs balancements. Parfois l'analyse de ces phénomènes éveille (chez moi du moins) l'idée que l'émotion provoquée s'adapte d'une façon tout à fait exacte au caractère des oscillations rythmiques simultanément perçues, et qu'elle varie dès que le regard se déplace d'un arbre à l'autre. En effet, le regard allant d'un arbre à l'autre, l'émotion provoquée me paraît parfois aussi différente que si, après avoir entendu un instrument de musique, j'en entendais un autre de caractère très différent.

Ces contrastes des émotions éprouvées peuvent nous renseigner sur l'influence exercée par les rythmes extérieurs sur les rythmes intérieurs et sur le plus ou moins de bien-être qui s'en dégage. Il nous semble admissible que si la fidélité de l'image en miroir est constituée par un reflet uniquement de surface, l'image émotionnelle entraîne par contre la pénétration vivante d'un organisme et corrélativement une activité individuelle nouvelle. Et précisément à travers cette pénétration comparable, elle aussi, à la résonance de la cloche, s'éveille le mécanisme inconscient de notre raisonnement qui nous permet de former une nouvelle image ; *le mot*, à travers lequel l'image passagère peut se transmettre d'âge en âge et créer un lien entre les vivants et les morts.

Du reste, même lorsque les feuilles sont détachées et mortes, elles peuvent encore prendre une apparence de vie très spéciale ; je signalerai à ce sujet un épisode où deux principes rythmiques différents se combinaient de façon qu'ils me paraissaient en réalité intimement apparentés.

Sur l'escalier d'un jardin, au bas duquel je me trouvais, une légère brise chassait des feuilles mortes de manière à les faire descendre doucement de marche en marche, tandis qu'au même moment des moineaux, presque aussi nombreux que les feuilles mortes, franchissaient l'escalier en sens inverse : sautant allègrement d'une marche à l'autre, ils arrivaient en haut de l'escalier quand les feuilles arrivaient en bas.

La brise qui déplaçait les feuilles était si légère, que rien ne révélait son existence, sinon le fait que ces feuilles se déplaçaient. Ce calme complet de l'atmosphère tendait à éveiller l'illusion que les feuilles s'orientaient par une faculté qui leur fût propre.

C'est ainsi qu'en raison de leur orientation en apparence mystérieuse, les déplacements des feuilles paraissaient apparentés à l'acte soi-disant volontaire accompli par ces moineaux, désireux de trouver de la nourriture dans les feuilles à l'encontre desquelles ils se dirigeaient. En réalité, une même force impulsive provoquait cette double orientation : les feuilles étaient poussées par la brise, les moineaux par l'image, qui, en éveillant le désir, faisait fonction de brise.

Ainsi nos actes s'orientent sur les images, et nos images ne sont qu'orientation.

CHAPITRE V

Un nouvel état de conscience :
la coloration des sensations tactiles

Aussi longtemps que notre main n'est pas éduquée, nous ne pouvons pas prétendre avoir utilisé, en faveur du développement de notre intelligence, toutes les ressources dont la nature nous a munis.

Mes recherches sur le toucher musical m'ont... conduite à constater que non seulement la sensibilité des doigts s'exalte dès qu'on attribue à chacune d'elle une couleur appropriée, mais que corrélativement à cette exaltation, l'activité statique et dynamique de la main se renforce.

Le fait imprévu que les sensations éprouvées dans les doigts augmentent d'intensité, dès qu'on attribue une coloration distincte à la sensibilité de chaque doigt, nous fait en effet reconnaître qu'il existe des sensations tactiles complémentaires, comme il existe des sensations colorées complémentaires.

Par ces notions nouvelles, l'activité du cerveau et l'activité de la main se transforment.

Cette transformation si remarquable met en évidence les rapports qui existent entre la coloration des sensations tactiles et l'esthétique musicale.

Pendant que nous pensons les couleurs, nous les sentons s'infuser dans nos impressions manuelles, comme si elles déterminaient des activités nouvelles.

...Dès que j'attribue à chacune des cinq sensibilités symétriques de mes doigts gauches et droits des couleurs différentes, mes sensations manuelles se transforment, elles se différencient dans leur orientation comme si des changements moléculaires intervenus modifiaient subitement l'état de conscience de la main.

Si, à un premier contact quelconque réalisé par une main non sensibilisée, on en fait succéder un second, une tendance naturelle fera aussitôt oublier les sensations éprouvées pendant le premier contact. Cet oubli ne se produit plus lorsque la main est sensibilisée par l'action des couleurs. Sous cette influence, les sensations tactiles prennent de la stabilité. On les emmagasine, on les conserve, on en fait des provisions qui durent et qu'on utilise peu à peu.

Cette prolongation a une très grande importance, car de même que la sensibilité du toucher n'est acquise que si l'on peut faire des provisions de sensations tactiles, le sentiment musical n'est acquis que lorsqu'on fait des provisions de représentations auditives. Sans la prolongation de la durée des sensations, on ne perfectionne ni la sensibilité de la main, ni la sensibilité de l'oreille.

Même lorsque la voix m'est totalement inconnue, les plus infimes variétés du timbre, des intonations, des rythmes de l'articulation réapparaissent avec une infaillible précision. Et, fait remarquable, ces auditions ultérieures contiennent quelque chose de plus que l'audition réelle. Pour bien entendre, il faut entendre à la fois en avant et en arrière. Dans la première audition, tous les mots ne prennent pas leur valeur respective ; dans les auditions ultérieures, au contraire, j'entends à la fois la relation des premiers mots avec les derniers et des derniers avec les premiers.

Puisque par la désignation habituelle de nos doigts, nous entravons le développement de nos fonctions manuelles et mentales (1), libérons notre pensée de cette obstruction, appelons, en suivant l'ordre des couleurs du spectre solaire ;

L'index, le doigt rouge ;

Le médius, le doigt orangé et jaune ;

L'annulaire, le doigt vert ;

Le petit doigt, le doigt bleu ;

Le pouce, le doigt violet.

Ces dénominations n'ont pas seulement l'avantage de provoquer une individualisation remarquable des sensations éprouvées dans chaque doigt, elles éveillent aussi l'idée de la symétrie du chromatisme de la sensibilité tactile.

Comment ne pas être frappé par les contrastes qui existent entre la puissance qu'on a su communiquer au discernement visuel, et, l'impuissance à laquelle le discernement tactile est réduit ?

Le regard voit bien plus que ce que la nature l'avait prédestiné à voir ; grâce au microscope et au télescope, il pénètre dans les domaines qui devaient lui rester inaccessibles ; l'activité de la main, au contraire, n'a pas acquis le développement auquel elle est prédestinée.

Tandis que l'œil est doublement armé par la nature et par la science, les forces naturelles de la sensibilité de la main sont restées inconnues, inutilisées.

L'action des couleurs déterminera dans l'éducation de la main un perfectionnement considérable. Ce perfectionnement renforcera la tension statique et la motilité volontaire des doigts au degré voulu pour sensibiliser la main.

Les couleurs influencent évidemment la motilité des doigts,

---

(1) L'auteur est amenée à cette conclusion par une série d'observations faites sur elle-même et que malgré leur intérêt, il eût paru trop long de rapporter ici.

comme si un principe d'orientation très particulier, en encerclant les doigts, les obligeait à différencier de plus en plus l'angle d'inclinaison de leurs positions respectives.

...Comme je l'ai constaté, on peut augmenter la force d'orientation disponible dans la main par l'*appel* des couleurs, c'est-à-dire en prononçant à haute voix le nom des différentes couleurs qui sont à même de faciliter la réalisation des mouvements dissociés.

Nos sensations tactiles sont faibles et d'une durée éphémère ; reliées aux impressions colorées, elles se renforcent et se prolongent.

...Que la main soit palmée ou non, la peau qui est interposée à la naissance des espaces interdigitaux fait fonction de corde et sa tension contribue à l'harmonisation du toucher.

Précisément, dans ma main, ces *cordes* ont changé totalement leurs adaptations après l'intervention des couleurs.

On ignore assez généralement qu'une main dont les mouvements d'opposition sont corrects est une main prédestinée aux fonctions artistiques.

Ces mains sont relativement rares, et celles qui seraient à même d'acquérir le perfectionnement des mouvements d'opposition par un entraînement spécial, n'utilisent en général pas leurs ressources.

Il semble que dans l'éducation de la main tout est à faire, et, précisément, dans cette éducation, sauf certains écarts de structure et de dimensions, tout *peut* se faire.

Les relations des sensations prennent un intérêt supérieur dans l'éducation musicale de la main, parce qu'elles constituent la trame à l'aide de laquelle nos images mentales se forment. Plus cette trame est fine et complexe, plus les images auditives se perfectionnent. C'est à l'aide de cette trame des sensations tactiles que les images musicales se forment. Toutes ces relations affinées qui permettent de sentir la main permettent aussi de sentir la musique.

C'est à mesure qu'on pénétrera mieux ces faits qu'un grand progrès s'accomplira en nous.

L'intelligence profite de la perfectibilité de la main, et c'est là le fait le plus important en faveur de l'impérieuse nécessité de l'éducation manuelle, éducation qui doit s'opérer autant que possible sous la forme la plus ingénieuse, la plus affinée.

Moins les personnes qui jouent du piano sentent de relations entre les contacts qu'elles réalisent sur les touches, moins elles entendent de relations entre les sons évoqués par leur toucher.

Pour qualifier d'une façon particulière ce sens qui peut être développé par l'intellectualisation de l'éducation de la main, on pourrait chercher à se faire une image de la différence d'activité déployée par certains insectes, selon qu'ils se servent de leurs pattes pour se déplacer d'un point à un autre, ou de leurs antennes pour palper les différences des surfaces qui leur sont perceptibles.

Les doigts des pianistes sont d'une façon presque générale privés d'*antennes* qui correspondent au sens tactile musical ; ils sont utilisés, comme les pattes des insectes, pour les déplacements seulement.

L'anesthésie du toucher est provoquée, dès qu'on réalise des touchers sans sentir de relations entre ces touchers.

On est musicalement sourd, dès qu'on entend les sons sans entendre les relations qui existent entre ces sons.

...Selon que les pressions s'opèrent d'une façon prédominante sur la région radiale ou la région cubitale de la pulpe, le caractère de la sonorité se modifie ; localisé du côté radial, le toucher évoque un timbre plus vibrant, plus ferme ; localisé du côté cubital, il évoque un timbre plus moelleux, plus clair.

Ces variétés de timbre sont assez sensibles pour permettre à un exécutant familiarisé avec l'art d'orienter ses pressions, de jouer harmonieusement, par exemple le premier *Prélude* du clavecin bien tempéré de Bach tout en ne se servant dans chaque main que d'un seul doigt ; l'index.

Ce résultat est obtenu si, pendant l'exécution de chaque groupe de notes, on réalise un mouvement tournant qui fait évoluer la position des deux index de la façon suivante :

Dans l'exécution de chaque série de trois sons ascendants, l'index droit réalise la première pression sur le côté radial de la pulpe, la deuxième est réalisée sur le centre de la pulpe, la troisième sur le côté cubital (1).

On provoque, par ces trois touchers ainsi diversifiés, une évolution graduelle du timbre de la sonorité allant du sombre au clair.

L'uniformité du toucher produit la sonorité incolore, qui équivaut à l'impression de n'entendre toujours qu'un même son, parce qu'on perçoit tous les sons au moyen de pressions effectuées sur la même surface des deux pulpes.

L'attrait que la sonorité de l'orchestre exerce sur nous, réside en partie dans le mélange des timbres que les instruments divers, mis simultanément ou successivement en vibration, sont susceptibles de provoquer. Comme nous l'avons montré, l'harmonie du toucher se ramène, même lorsqu'il ne s'agit que d'un doigt unique, à des causes analogues.

Il s'agit évidemment, dans ces conditions, de différences de timbres d'une fluidité extrême, dont les rapports sont saisis bien moins aisément que ceux qui s'établissent entre les timbres dont se forme la sonorité de l'orchestre. Mais c'est précisément par leur

____

(1) Voir figure 1, page 21.

finesse extrême que ces différences de résonance, communiquées aux sons, exercent une action particulièrement puissante sur l'éducation de l'oreille. Dès que l'oreille s'affine, la conscience musicale se développe.

...S'il est vrai que la main commence à vieillir dès notre enfance, et qu'elle est vieillie lorsque nous sommes jeunes encore, par contre, même quand on est vieux, la main se rajeunit, si l'état coloré réapparaît. Avec l'état coloré, sa vraie force renaît.

C'est un retour vers la nature, vers les sources de perfectionnement.

Il n'y a plus de confusion entre les mouvements réalisés, parce que les sensations éprouvées dans les différents doigts sont aussi distinctes que les couleurs différentes auxquelles elles correspondent.

C'est évidemment par le perfectionnement de la mémoire des couleurs que la vision colorée s'affine, parce que, dans ces conditions, nous devenons de plus en plus sensibles aux contrastes qui se forment entre les couleurs simultanément perçues. Les intervalles dont se forme notre vision colorée se distendent, l'échelle des couleurs s'amplifie.

Après avoir vu se succéder toutes les impressions visuelles, j'arrive à supposer qu'il n'existe pas de couleur définissable en elle-même, mais que les couleurs s'engendrent, ou plutôt que la force colorante est en nous.

Il se peut que par cette nouvelle éducation de la main notre énergie manuelle et intellectuelle se perfectionne, parce que notre force colorante se perfectionne. Ainsi nous arriverons peu à peu à la conviction que cette force colorante n'est pas seulement dans le regard qui voit, mais dans la main qui sent et dans l'esprit qui pense.

CHAPITRE VI

La résonance du toucher et la topographie des pulpes

Dans la machine humaine, en ce qui concerne le toucher musical, il y a perte de travail dès que les mouvements s'opèrent dans une direction ou une autre, sans qu'il y ait production d'effort cérébral. L'acte intelligent est entravé chaque fois qu'il y a perte de travail. Cette perte est évitée :

1º Par la faculté d'accumuler les forces et de les maintenir en suspension, de manière à ne produire la décharge qu'à la dernière limite (au moment où le contact s'opère entre le doigt et la touche) ;

2º Par la faculté de remettre les forces en suspension aussitôt la décharge opérée.

On peut donc admettre que, si les pertes de forces se ramènent dans les phénomènes hydrauliques à des frottements, dans les phénomènes thermiques à des défauts de conduction de la chaleur, elles se ramènent dans les phénomènes artistiques du toucher musical à certaines erreurs rythmiques dans la *conduction des mouvements*.

Des instincts de coordination naissent dans la main qui se sensibilise : il se forme des groupements sensitifs multiples, dès que les mouvements, infiniment petits, par conséquent invisibles, deviennent cohérents. Ces groupements des intervalles sensitifs tendent vers l'unité, de même que les groupements suscités dans les déplacements minuscules de la limaille de fer sous l'influence d'un champ aimanté.

Qui peut nier l'influence décisive que l'intervention de certains instruments destinés à suppléer à l'insuffisance de nos sens a exercée sur nos connaissances générales ? Grâce aux dimensions relativement considérables que son clavier assure au champ des explorations tactiles, le piano sera mis, à un moment qui n'est peut-être pas très lointain, au même rang que ces instruments ; car il conduit à la connaissance des causes ignorées par lesquelles les lois de la sensibilité manuelle se relient aux lois de la polyphonie musicale. Par l'apprentissage de la conduction des mouvements qu'il favorise, il contribue, non seulement au développement des facultés musicales, mais à l'épanouissement des facultés intellectuelles. Du reste, en nous faisant découvrir la merveilleuse polyphonie des sensations manuelles, il nous fait reconnaître aussi combien, dans l'activité mentale déployée par le musicien, les fonctions de l'oreille se multiplient et se compliquent. Sous l'influence de la conduction des sensations, provoquées par le déroulement des touchers, l'exécutant devient en réalité un *résonateur* complexe.

La musicalité du toucher n'est vraiment acquise qu'au moment où une unification totale des sensations symétriques gauches et droites s'opère, et que les activités déployées par les deux mains restent reliées comme par un réseau unique.

Voici les premières conséquences par lesquelles la coloration des sensations tactiles peut influencer l'enseignement musical, de manière à lui communiquer une intellectualité remarquable.

Elle permet de réduire l'utilisation de l'écriture musicale parce que, grâce à un procédé d'analyse spécial, on est à même de retenir exactement les combinaisons différentes des sons après les avoir parcourus préalablement du regard ; chaque fois qu'un nombre de groupes de notes est analysé mentalement, on ferme le cahier de musique, et c'est de mémoire que l'étude de l'œuvre musicale se fait, à l'aide d'un déroulement lent des intervalles dont on est à même de calculer préalablement les rapports respectifs. Dans ces conditions, on cesse forcément l'étude dès qu'on est incapable de se souvenir préalablement comment les sons à exécuter se relient entre eux. Dès que la musique intérieure ne fonctionne plus, les mouvements des doigts s'arrêtent. C'est ainsi qu'on procède pour l'étude complète des morceaux.

En somme, on ne se doute guère combien la vue de l'écriture musicale est susceptible de désagréger la pensée musicale. Il faut donc, grâce à la sensibilisation de la main, arriver à emmagasiner le plus de musique possible, tout en regardant les signes écrits le moins possible.

Il y a bon nombre d'années que les musiciens tziganes se sont civilisés.

Ils ont appris les notes, ils savent, comme nous, lire la musique.

C'est sur des cahiers de musique qu'ils apprennent à jouer leurs fougueuses csàrdàs.

Mais précisément, quand ils font leur musique, les tziganes d'aujourd'hui ont de tout autres physionomies que ceux d'autrefois.

Leur musique n'est plus comme autrefois une invention, une création collective animée d'un même esprit ; elle est figée irrévocablement dans un ensemble de notes dont chaque exécutant a appris à jouer sa partie. Cette musique apprise avec des notes sonne aujourd'hui tout autrement que la musique improvisée d'autrefois.

Autrefois, chacun de ces musiciens avait son tempérament personnel. Il enfantait lui-même, par sa conception naturellement juste des intervalles et des tonalités, la musique qu'il faisait.

Nos besoins esthétiques s'élèvent, il est vrai, bien au-dessus de cette musique inventée par les tziganes, mais leur façon d'apprendre la musique était très supérieure à la nôtre.

Ces musiciens intuitifs étaient des penseurs, des auditifs éminemment calculateurs. Avec une simplicité particulière, qui exclut toute impression de difficulté, ils calculaient les rapports respectifs des sons avant de les mettre en résonance. Ces calculs, qui s'opéraient si facilement, si naturellement, nécessitaient néanmoins une activité cérébrale continue.

C'est cette activité cérébrale continue que chacun devrait

déployer en apprenant la musique ; mais on la supprime précisément, dès qu'on fait intervenir la lecture des notes pendant l'étude.
Ce n'est pas un non-sens de dire que, dans bien des conditions
diverses, *plus on lit la musique, moins on arrive à l'entendre.*

...L'éducation musicale ne peut pas être basée sur des impressions
visuelles conventionnelles, par lesquelles les rapports des sons se
transforment en rapports de points.

...Plus on est capable de concevoir, par accumulation, chaque
son avec ses diverses évocations par octaves, plus on est capable
de penser musicalement. C'est l'accroissement considérable du
champ auditif qui caractérise la mentalité du musicien.

Qui sait ? peut-être est-ce parce que nous dissocions les couleurs
que nous voyons la lumière. Mais l'équivalent de cette clarté perçue par le regard n'est pas perçu par la main et par l'oreille. C'est
seulement à mesure que nous apprenons à dissocier nos doigts
comme nous dissocions les couleurs, que la clarté apparaît dans la
conscience manuelle.

Nos premières recherches sur la coloration des sensations tactiles se sont limitées à la vision mentale des couleurs. Les recherches
nouvelles que nous signalons ici s'étendent au contraire à la vision
réelle des couleurs.

Par l'intervention des couleurs vues réellement, nous avons acquis
une notion plus exacte et plus complexe de l'affinité par laquelle
l'harmonie des couleurs et l'harmonie des sons se relient à la sensibilité de la main.

Ce que nous appelons rythme par rapport au temps n'est que
symétrie par rapport à l'espace.

C'est à travers les sensations symétriques que l'instinct rythmique se forme dans l'activité de la main.

Voici comment, par l'intervention de cinq panneaux colorés, nous avons cherché à déterminer plus nettement les influences si multiples que la vue des couleurs exerce sur l'instinct rythmique du toucher musical.

Ces panneaux, dont chacun correspond à une des couleurs du spectre solaire sont divisés en cinq raies de valeurs différentes (un panneau unique délimite les valeurs orangées et jaunes).

Ces raies sont disposées verticalement. Elles s'échelonnent du foncé au clair pour le rouge (index), l'orangé et le jaune (médius), le vert (annulaire) et le bleu (petit doigt). Elles s'échelonnent au contraire du clair au foncé pour le violet (pouce).

Des différences infimes, qui forment des espèces de fluctuations légères dans le volume des sons, restent impondérables lorsque la sensibilité de l'oreille et la sensibilité de la main ne sont pas affinées au degré voulu.

Ces fluctuations n'ont rien de commun avec l'accentuation. A certaines exceptions près, où l'accentuation intense est d'une puissance si pénétrante, la musique se dégrade, se corrompt sous l'influence des accentuations trop apparentes. La musique à danser est faite, si l'on veut, d'accentuations.

Néanmoins, le contre-balancement continuel des temps forts et des temps faibles est un des éléments primordiaux les plus indispensables à toute manifestation musicale. Mais ce discernement rythmique des temps forts et des temps faibles repose sur des différences si minimes, que son origine pourrait être reliée au fait qu'il est impossible de concevoir un son, si faible qu'il soit, sans en concevoir aussi un autre encore plus faible. La faculté de rendre ces infimes différences pondérables se développe d'une façon générale sous l'influence de l'état coloré de la sensibilité de la main.

Les raies jaunes exercent une influence considérable sur l'inten-

sité des sensations éprouvées dans la direction de l'axe de la main.
Les raies rouges exercent, par contre, une influence considérable
sur les sensations complémentaires rouges, vertes, qui se forment
dans l'index et l'annulaire.

J'arrive de même à me rendre nettement compte quelle multiplication croissante des points de repère s'est formée dans ma mentalité auditive, à mesure que l'état coloré de ma sensibilité s'est développé.

C'est la logique imperturbable des résultats acquis dans les nombreuses expériences que j'ai faites en collaboration avec Charles
Féré sur l'action physiologique des sons, qui a modifié, sous un point
de vue spécial, mes idées sur l'art musical.

A la suite de ces recherches, j'étais pendant longtemps comme
hantée par l'idée qu'il doit exister une musique *entre* les sons dont est
formée cette musique que nous croyons seule existante. Une musique
qui nous reste inconnue, mais qui se relie d'une façon plus appropriée
à l'extrême finesse avec laquelle l'audition des intervalles mineurs
ou majeurs, consonants ou dissonants, est à même de modifier
les forces disponibles dans notre organisme.

Dans ces expériences, faites avec l'ergographe de Mosso, certains intervalles ont, en effet, agi d'une façon déprimante sur les
mouvements volontaires, d'autres d'une façon stimulante.

Si l'audition de la quinte par exemple renforce l'énergie disponible, tandis que l'audition de la quinte diminuée occasionne une
dépression presque immédiate, cette dépression ne prouve-t-elle pas
qu'il existe, dans l'intervention de cette différence d'un demi-
ton, une série d'influences dont nous n'escomptons jamais les fractions intermédiaires ?

Dans ces expériences faites par séries d'épreuves successives...
Ch. Féré tirait avec le médius droit à chaque seconde un poids de
8 kilogrammes jusqu'à épuisement total.

Par des contrastes imprévus, l'influence musicale semblait rendre le poids tantôt léger, et l'expérimentateur le tirait un grand nombre de fois sans fatigue, tantôt lourd, et il cessait, par une impuissance plus ou moins soudaine, d'en effectuer le déplacement.

Il a mis ainsi en évidence combien les états vibratoires des cordes dont la mise en tension appropriée sert de base aux manifestations musicales, sont à même d'influencer les *cordes musculaires*, dont la tension variable coïncide avec l'énergie variable de nos mouvements volontaires.

On dira peut-être que ces affinités sont démontrées de longue date, puisque, à côté des marches funèbres destinées à accompagner la dépression, les émotions douloureuses et la démarche lente, il y a la musique joyeuse, qui fait lever allègrement les pieds dans les danses qu'on n'imagine guère sans musique.

Mais justement, dans ces expériences, il ne s'est agi ni d'émotions musicales, ni même de musique. Loin d'expérimenter avec des œuvres musicales toutes faites, on ne s'est servi que des éléments dont ces œuvres se forment.

Au moyen de la répétition plus ou moins prolongée des mêmes intervalles, on a examiné l'action physiologique différente exercée par une *seconde*, une *tierce*, une *quarte*, un accord *majeur* ou *mineur*, etc.

Ces expériences n'ont pas seulement un intérêt physiologique, mais aussi un intérêt musical. Comme chacun le sait, dans des temps déjà lointains, l'accord parfait (tonique, tierce, quinte) a joué en musique un rôle prédominant qui nous paraît incompréhensible aujourd'hui. Une naïveté inconcevable est nécessaire pour qu'une impression musicale renouvelée sans cesse puisse conserver son effet. Les résultats des pesées faites par Ch. Féré permettent de justifier cette naïveté, puisqu'ils prouvent par une démonstration pratique que les intervalles consonants, *tierces*, *quintes*, *octaves*, agissent comme des conservateurs d'énergie.

Malgré les répétitions longuement prolongées, leur effet ne

s'épuise pas ou, du moins, il s'épuise bien lentement, ce qui tendrait à justifier la longue période de triomphe des accords parfaits dont l'évolution actuelle de l'art musical nous affranchit si complètement.

Les intervalles dissonants agissent au contraire comme des destructeurs d'énergie ; l'effet négatif provoqué par la quinte diminuée (le triton) est particulièrement remarquable.

Exemples, par la mise en résonance de la quinte *la-mi,* seize épreuves fournissent sept cent cinquante soulèvements, soit l'élévation d'un kilogramme à la hauteur de cent douze mètres.

Par la mise en résonance de la quinte diminuée *la-mi bémol* le même nombre de seize épreuves ne fournit au contraire qu'une cinquantaine de soulèvements, soit l'élévation d'un kilogramme à la hauteur de sept mètres.

Comme on le voit, les contrastes des *pesées* musicales sont considérables, quoique ces deux intervalles ne diffèrent entre eux que d'un demi-ton.

Cette transformation de la force potentielle. qui peut s'opérer chez l'homme sous l'influence des différents intervalles est particulièrement significative ; car si, par l'intervention exclusive de certains intervalles, on peut modifier l'état physiologique de l'organisme par rapport à l'énergie disponible, il est bien admissible qu'en réalité, pendant l'audition d'une œuvre musicale, chaque modification introduite dans la succession des intervalles provoque un changement infime dans notre organisme, et que de la relation de ces changements infimes naisse notre émotivité, notre raisonnement musical.

Du reste, jusqu'à présent, ce sont en réalité seulement des intervalles d'une justesse relative qui nous font aimer la musique, soit parce que nous en formons un langage qui exprime nos joies et nos peines, soit parce que l'harmonie de ce langage nous fait pressentir quelque chose de plus que nos joies et nos peines, quelque chose d'universel dans lequel tout notre être est contenu.

Comme chacun le sait, la musicalité n'existe dans notre esprit qu'autant que nous analysons les relations des sons en partant des sons fondamentaux ; cette résonance doit subsister d'une façon continue pour que notre mentalité musicale s'équilibre de manière à nous faire concevoir la beauté musicale.

Comme, pour maintenir notre équilibre corporel, nous devons poser les pieds par terre, si nous voulons nous déplacer par nos propres forces locomotrices, de même dans notre mentalité musicale, si nous voulons analyser le déroulement des sons, nous devons concevoir la musique par les sons fondamentaux. La base de la conception musicale ne peut pas être modifiée. Nous concevons, il est vrai, les relations des sons hauts avec les sons graves ; mais cette conception renversée n'est qu'une conséquence de la conception initiale ; elle se ramène en quelque sorte à un phénomène d'induction.

On ne peut pas écouter intelligemment la musique en portant son attention exclusivement sur l'audition des sons allant du haut vers le bas ; au contraire, l'audition prend une intellectualité remarquable, dès que l'attention se fixe exclusivement sur les sons allant du bas en haut. Il suffit, en effet, de bien écouter volontairement les sons allant du bas en haut pour entendre involontairement les sons qui s'échelonnent en direction opposée. L'audition montante ne peut pas prendre l'intensité voulue sans que l'audition descendante s'y joigne comme conséquence inséparable. Comme la chute d'un corps est contenue dans le fait que ce corps a été lancé en l'air, ainsi l'analyse des sons descendants est acquise par le fait que l'analyse des sons ascendants s'est opérée avec l'intensité voulue.

Peut-être a-t-on jusqu'ici fait dans l'éducation une part beaucoup trop grande à l'assimilation de ce qu'on peut apprendre par imitation, soit en accumulant dans sa mémoire les faits accomplis par les autres, soit en cherchant à apprendre par imitation ce que les autres savent faire.

Il y a quelque chose à la fois de plus simple et de plus profond dans l'éducation : c'est de se dire que nul savoir n'a de valeur intrinsèque que lorsqu'il est en relation avec l'activité cérébrale, comme la fleur est en relation avec la plante,

Il ne s'agit pas, en réalité, d'emmagasiner le plus de faits possible ou d'imiter le plus de choses possible, mais d'éduquer le cerveau de manière à faire de lui une force vive qui féconde toutes nos activités.

C'est à travers cette constante accumulation de fractions rythmiques multiples, analysées proportionnellement, que l'unité de l'image esthétique surgit, sans qu'on soit à même de délimiter ce qui, dans l'harmonie musicale évoquée, revient à la sensibilité de la main, ce qui revient à la sensibilité du regard, et ce qui revient à la sensibilité de l'ouïe.

Penser et sentir simultanément beaucoup de choses différentes nous paraît difficile, et voici précisément ce que la coloration des sensations tactiles est destinée à nous rendre facile.

Sous l'influence des sensations tactiles colorées, des multiplicités de *pensées* différentes s'éveillent dans nos dix doigts. Dès que ces pensées naissent et continuent à subsister simultanément, l'action se complique ; mais précisément, tandis que les sensations simples n'ont qu'une durée éphémère, toute science semble au contraire préexister dans la main dans laquelle les sensations croisées et symétriques se sont développées.

Dans la mentalité du musicien dont les doigts sont dissociés sous l'influence colorée, tous les sons de l'échelle musicale sont ramenés aux intervalles renfermés dans l'octave unique des sons générateurs.

Dans ces conditions, non seulement le musicien n'entend rien qu'il ne sache mesurer et calculer proportionnellement, mais il ne sent rien dans ses deux mains qu'il ne sache mesurer et calculer avec cette même proportionnalité. Dans les sensations tactiles, l'ordre règne au même degré que dans les sensations auditives.

Tous les intervalles auditifs les plus délicats, les plus fugitifs, sont rendus analysables sur le clavier à l'aide de cette superposition d'*octaves tactiles* basée sur les relations colorées bleues et violettes.

Ce sont là quelques-uns des phénomènes cérébraux qui peuvent être provoqués lorsque la dissociation des doigts qui nous fait défaut est acquise plus ou moins dans les mêmes conditions que la dissociation visuelle, au moyen de laquelle les couleurs du spectre solaire nous apparaissent.

Ces faits démontrent que l'évolution de l'organisme humain n'est pas terminée. Le perfectionnement des sensibilités symétriques de la main, dont la merveilleuse harmonisation du toucher musical nous fournit une analyse expérimentale, nous conduira vers une évolution nouvelle.

Lorsque l'activité de chacun de nos doigts aura acquis l'individualisation qui lui manque, les mesures d'une merveilleuse subtilité établies par notre main prouveront qu'il existe, dans le milieu où nous vivons, des ressources inconnues destinées à agir sur l'affinement de notre intelligence.

Par l'éducation de la main, toutes les images mentales se perfectionnent.

Il ne suffit pas de voir avec ses yeux, il faut voir mentalement. C'est la façon de voir réapparaître mentalement les images, qui constitue la véritable valeur de ces images. Plus ces images subsistent exactement, plus leur valeur augmente.

Et de même, il ne suffit pas d'entendre les sons ou les paroles au moment où leur résonance intervient réellement, il faut les réentendre mentalement. La façon de réentendre mentalement détermine la valeur de ce qu'on a été capable d'entendre.

La mentalité change, dès que les images mentales se modifient :

ces images mentales subissent une modification générale, dès qu'on est à même de se représenter l'image topographique de ses pulpes. Par cette représentation, on acquiert une faculté nouvelle de groupement, une mémoire associative qui fait voir ou entendre des impressions différentes, comme classées à des places différentes.

A côté de l'art musical définissable par les touches du clavier, elle voyait (1) la science du toucher musical définissable par la topographie de ses dix pulpes.

Par cette science, la résonance des sons est influencée de telle façon qu'un même son paraît variable à l'infini. Et précisément, c'est cette multiplicité des différences de résonances qui se ramène aux plus faibles différences saisissables dans la localisation des sensations de contacts. Dans ces conditions, l'art ne semble plus être contenu seulement dans les combinaisons de sons, mais aussi dans cette multiplicité de résonances diverses que la science du toucher permet de communiquer aux sons.

Dans le toucher musical, il est essentiel en effet que les sensations, provoquées depuis une durée plus ou moins longue, subsistent comparativement à celles qui se forment nouvellement, et même comparativement à celles qui ne se formeront que dans un temps à venir plus ou moins proche ou lointain.

C'est grâce à la force qui se dégage de cette science de la localisation proportionnelle des contacts que nous triomphons de *l'élément de dissolution* par lequel « *le temps* » désagrège sans cesse nos états de conscience et entrave ainsi la cohésion de nos activités tactiles. Cette désagrégation disparaît dès que l'image de la coordination des contacts préexiste et survit, d'une façon constante, à la réalisation des contacts.

Aussi n'est-ce pas sans une certaine appréhension qu'on devrait

---

(1) Mme Jaëll parle ici d'elle-même.

songer à ce qui se passe au bout des doigts des pianistes qui cultivent
le déchiffrage en vue de devenir de *bons* musiciens.

Quelle aberration !

Mais quelque genre de musique qu'ils fassent, par le seul fait
d'établir leurs touchers incoordonnés, ces malheureux cultivent
l'*antimusicalité*. Ces inconscients entendent, sans être choqués, ce
qui mettrait au comble de l'exaspération ceux dont l'oreille
musicale fonctionne normalement ; car les œuvres qu'ils croient
apprendre à connaître, ils les défigurent généralement de manière
à les rendre méconnaissables.

Ce déchiffrage, lorsqu'on songe au chaos des sensations tactiles
qu'il occasionne, ne peut être considéré que comme une immoralité
intellectuelle.

J'admettrai volontiers que la main est la révélatrice des instincts
intellectuels profonds qui, en fécondant notre pensée, rapprochent
son origine de l'universelle unité.

Ces *intervalles linéaires*, dont nous pouvons apprendre à sentir
la musicalité, introduisent dans notre conscience des notions de
symétrie qui correspondent à des notions d'octaves.

On pourrait considérer chacun de nos appareils linéaires comme
un genre d'aimant circulaire dont la force reste inutilisable aussi
longtemps que nous ne discernons pas les intervalles par lesquels
les différents appareils s'accordent entre eux.

Si nos appareils du tact sont individualisés à tel degré, c'est que
chacun de nous a sa façon de toucher individuelle, et par conséquent
son perfectionnement du toucher individuel.

Si jusqu'ici la morphologie des appareils du tact n'a attiré
l'attention qu'au point de vue des recherches sur l'identité des indi-
vidus, elle mérite, comme on le reconnaîtra bientôt, d'attirer, pour
bien des raisons, l'attention des éducateurs.

Dans une main bien sensibilisée, les rapports des sensations tactiles éprouvées sous ces deux influences (1) *peuvent, pour ainsi dire, se substituer aux rapports qui interviennent entre les sons dans le déroulement d'une œuvre musicale* ; elles conduisent plus sûrement à l'expression juste que le sentiment musical lui-même. Ceux qui sentent musicalement peuvent être légion : ceux qui savent exprimer ce qu'ils sentent sont rares.

...Les perceptions tactiles s'interposent et projettent comme l'ombre d'un réseau mouvant sur tout ce que nous voyons et entendons ; c'est cette ombre projetée sur le fond de nos impressions visuelles et auditives, qui nous fait apparaître ce fond à la fois plus divisible et plus lumineux.

Il s'agit donc réellement ici d'un domaine nouvellement conquis, en faveur de l'intellectualisation de notre organisme, par l'éducation de la main ; ce domaine est plus important qu'on ne saurait le supposer. J'espère pouvoir en fournir une nouvelle preuve lorsque je serai à même de démontrer comment l'éducation de la voix se relie à la science du toucher musical, parce qu'elle se relie au savoir nouveau que nous puiserons dans la connaissance de la topographie de nos pulpes et des forces inconnues de notre symétrie manuelle.

---

(1) Les représentations colorées et l'image de la topographie des pulpes.

TABLE DES MATIÈRES

Imp. des *Presses Universitaires de France*, Paris. — 1927. — 0.671.